多元胎教

根据3000位准妈妈的问卷调查需求贴心定制

图解百科

中国民族管弦乐学会会员
幼教、胎教专家
高　册 主编

吉林科学技术出版社

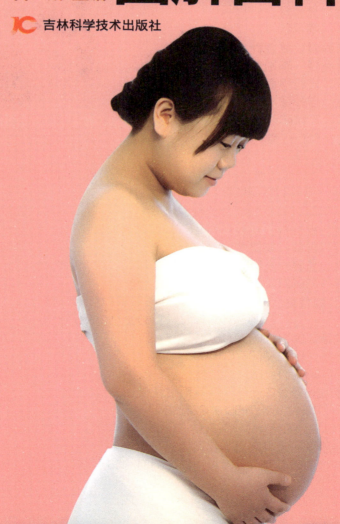

图书在版编目（CIP）数据

多元胎教图解百科 / 高册主编. -- 长春 : 吉林科
学技术出版社，2013.10
ISBN 978-7-5384-7228-8

Ⅰ．①多… Ⅱ．①高… Ⅲ．①胎教－图解 Ⅳ．
①G61-64

中国版本图书馆CIP数据核字(2013)第238656号

多元胎教图解百科

主　　编　高　册
出 版 人　李　梁
策划责任编辑　端金香
执行责任编辑　李励夫
封面设计　一行平面设计有限公司
制　　版　雅硕图文工作室
开　　本　710mm×1000mm　1/16
字　　数　350千字
印　　张　15.5
印　　数　1-10 000册
版　　次　2014年5月第1版
印　　次　2014年5月第1次印刷
出　　版　吉林科学技术出版社
发　　行　吉林科学技术出版社
地　　址　长春市人民大街4646号
邮　　编　130021
发行部电话/传真　0431-85677817　85635177　85651759
　　　　　　　　　　　　 85651628　85600611　85670016
储运部电话　0431-86059116
编辑部电话　0431-86037576
网　　址　www.jlstp.net
印　　刷　长春第二新华印刷有限责任公司
书　　号　ISBN 978-7-5384-7228-8
定　　价　39.90元

如有印装质量问题可寄出版社调换

版权所有　翻印必究　举报电话: 0431-85635186

前言

　　胎教并不是指导胎儿学习算术、语文，而是根据胎儿各感觉器官发育成长的实际情况，有针对性地、积极主动地给予适当合理的信息刺激，使胎儿建立起条件反射，进而促进其大脑机能、躯体运动机能、感觉机能及神经系统机能的成熟。

　　每一次胎教都承载了父母对宝宝最美好的爱与期望，也许最后这种期望并不会达到理想的最大值，但如果能在这个过程中感受到与胎儿共同成长的幸福，又何尝不是对自身认知的一种反馈心得呢？所以，望子成龙的父母不要将胎教当成任务或负担来完成，适度地掌握科学方法来放松和强健自己以及胎儿的身心才是最美好的胎教。

　　《多元胎教图解百科》就是一本为准妈妈量身打造的胎教书。本书没有过多地介绍关于胎教的大道理，只是把胎教的具体做法教给准妈妈，通过图解的方式告诉准妈妈们该怎么做。

　　在此，也希望天下所有的准妈妈都能够为胎儿灌输一种被称为母爱的能量，为他未来的崭新人生打下坚实的基础。

目录

1 孕早期胎教法

2

孕中期胎教法

讲给准妈妈的胎教详解

准妈妈的艺术欣赏

准妈妈学画简笔画

准妈妈的手工折纸

3

孕晚期胎教法

第1章
孕早期胎教法

孕早期是胎教的刚刚开始阶段，

这个阶段的胎教可以借助母子沟通的方式，

促进胎儿的发育。

因此，怀孕早期保持健康而愉快的心情，

是这一时期胎教的关键。

讲给准妈妈的胎教详解

音乐胎教

音乐胎教是指通过音乐对母体和体内胎儿共同施教的过程。

音乐胎教是一个综合的学科知识，是以音乐治疗的学科专业为基础，以音乐的方式促进孕妇与胎儿健康成长的综合性方法。音乐胎教并不只是一个纯粹的聆听音乐，更不是社会上广泛认为的胎儿聆听音乐、听同样的音乐。科学的音乐胎教是一个由音乐贯穿起来的系统而综合的胎教方式，包含有聆听、律动、冥想、歌唱等不同的形式。在这些不同的音乐胎教方式中，音乐对胎儿和准妈妈们在不同的孕期起着不同的作用，我们提倡按照孕早期、孕中期、孕晚期的不同，合理地安排音乐胎教的内容，科学地进行音乐胎教。

孕早期是胎教的刚刚开始阶段，
这个阶段的胎教可以借助母子沟通的方式，
促进胎儿的发育。
因此，怀孕早期保持健康而愉快的心情，
是这一时期胎教的关键。

讲给准妈妈的胎教详解

音乐胎教

音乐胎教是指通过音乐对母体和体内胎儿共同施教的过程。

音乐胎教是一个综合的学科知识，是以音乐治疗的学科专业为基础，以音乐的方式促进孕妇与胎儿健康成长的综合性方法。音乐胎教并不只是一个纯粹的聆听音乐，更不是社会上广泛认为的胎儿聆听音乐、听同样的音乐。科学的音乐胎教是一个由音乐贯穿起来的系统而综合的胎教方式，包含有聆听、律动、冥想、歌唱等不同的形式。在这些不同的音乐胎教方式中，音乐对胎儿和准妈妈们在不同的孕期起着不同的作用，我们提倡按照孕早期、孕中期、孕晚期的不同，合理地安排音乐胎教的内容，科学地进行音乐胎教。

音乐胎教所使用的播放设备的选择非常重要。由于胎儿耳蜗发育不完全，某些对于成年人无害的声音也可能伤害到胎儿幼小的耳朵。普通的CD播放器、音箱等播放设备都不能控制播放出音量的大小和音频的高低，所以以往孕妇们打开大功率音箱或者将普通耳机放在腹部对胎儿进行音乐胎教的方式不仅不科学，还可能伤害到胎儿。而且音乐对胎儿来说也太过复杂，胎儿的大脑发育状况根本就听不懂，还是简单富有节奏的胎教音乐更适合。

胎教音乐要注意的最大特点就是它的节奏性，只有当音乐的节拍速度与胎儿心跳的节拍速度大致吻合的时候，胎儿在母体中的情绪才容易安定下来。所以这与有的人认为要给胎儿听摇篮曲的想法实际上是大相径庭的。

一提到胎教音乐，当然会想到一些经典音乐。但是，"只有孕妇感到舒服的音乐，才是好的胎教音乐"这样的胎教理论也渐渐流行起来。但现在有很多年轻的孕妇不知道自己选择的音乐会对胎儿产生何种影响。所以导致了很多人盲目相信这种理论，根据自己的喜好来选择音乐。

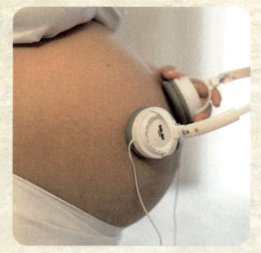

所以在利用音乐进行胎教，选曲时应注意到胎动的类型。一般来讲，给那些活泼好动的胎儿听一些节奏缓慢、旋律柔和的乐曲，如"摇篮曲"等；而给那些文静、不爱活动的胎儿听一些轻松活泼、跳跃性强的儿童乐曲、歌曲，如"小天鹅舞曲"等。那将对胎儿的生长、发育起到更明显的效果。

专家指出胎教音乐的频率过高会损害胎儿内耳螺旋器基底膜，使其出生后听不到高频声音；节奏过强、力度过大的音乐，会导致听力下降。因此，选择胎教音乐，应先经医学、声学测度，符合听觉生理学的要求。在选购"胎教"磁带时，不是听一听音乐是否好听，而是看它是否经过了医学、声学的测试。只有完全符合听觉生理要求的胎教音乐，才能真正起到开发智力、促进健康的作用。

下面就为大家推荐胎教必听十首世界名曲。

一、维瓦尔第的小提琴协奏曲《四季》——描绘了一幅春临大地的画面。是一首非常好听的小提琴曲。

二、德沃夏克的e小调第九交响曲《自新大陆》第二乐章——乐曲中那舒缓的旋律，表现出淡淡的相思，淡淡的哀愁。

三、约纳森的《杜鹃圆舞曲》——整首乐曲欢快清新，特别适合在熟睡的早晨倾听，让肚子里的小宝宝做做运动吧。

四、格里格的《培尔·金特》组曲中《在山魔王的宫殿里》——诙谐可爱的旋律，感受不同的节奏，不同的体验。

五、罗伯特·舒曼的《梦幻曲》——当你疲倦的时候，帮你安然入睡。

六、约翰·施特劳斯的《维也纳森林的故事》——各种声音构成一幅大自然美丽的图画，一切宛如人间天堂。

七、贝多芬的F大调 第六号交响曲 《田园》——到自然中呼吸新鲜空气，表现了雨过天晴之后的美景。

八、老约翰·施特劳斯的《拉德斯基进行曲》——听后让人感觉激情澎湃，活力无限。

九、勃拉姆斯的《摇篮曲》——曲调优美、抒情、静谧；旋律平稳，音律适中，音高起伏不大；表现了比较安宁的情绪。

十、普罗科菲耶夫的《彼得与狼》——整个乐曲生动活泼，犹如在面前展开一幅生动的画。

以上十首乐曲，每首的风格都是不一样的。准妈妈们在一天当中的每个时刻都可以来听。烦躁的时候就听一听《自新大陆》；慵懒的时候听一听《杜鹃圆舞曲》；悲伤的时候听一听《维也纳森林的故事》；发脾气的时候听一听《田园》；睡醒的时候听一听《维也纳森林的故事》；激情澎湃的时候听一听《拉德斯基进行曲》；跟小宝宝讲话的时候听一听《摇篮曲》；运动的时候听一听《拉德斯基进行曲》；春天来临的时候听一听《春》。

备注：音乐胎教适合整个孕期，尤其是孕中期（当胎儿胎动时）效果最好！

语言胎教

孕妇或家人用富有感情的语言，有目的地对子宫中的胎儿讲话，给胎儿期的大脑新皮质输入最初的语言印记，为后天的学习打下基础，称为语言胎教。

语言胎教可从怀孕第3个月开始，每天定时用语言刺激胎儿，每次时间不宜过长，1~3分钟即可。语言胎教的内容不限，可以问候，可以聊天，可以讲故事，朗诵诗词，唱歌等，但应以简单、轻松、明快为原则。不要讲太复杂的句子，最好每次都以相同的词句开头和结尾，以加深记忆，这样循环发展，不断强化，胎教的效果才会好。

在开始的时候，未来的父母可以向胎儿重复一些简单的字，如奶、干、湿、口、水等。以后，除了重复单字练习外，还可以对胎儿进行系统性的语言诱导，例如早晨起床前轻抚腹部，说声："早上好，宝宝。"洗脸、刷牙时都可以不厌其烦地向胎儿解说。散步时，可以把眼前的景色生动地讲解给胎儿听："瞧，青青的草，红红的花，多美啊！"淋浴时随着冲洗的动作轻柔地介绍："听，这是流水声，妈妈洗澡啦！"

就寝前可以由父亲通过孕妇的腹部轻轻地抚摸腹中的胎儿，并实施对话："哦，小宝宝，爸爸来啦，这是小脚丫，这是小手，让爸爸摸摸。啊！会蹬腿了，再来一个……"胎儿特别喜欢父亲的声音，因为男性的声音低沉、浑厚。心理学家特别指出，让父亲多对胎儿讲话，这样不仅增加夫妻间的恩爱，共享天伦之乐，还能将父母的爱传到胎儿那里，这对胎儿的情感发育有很大的好处。

在音乐伴奏与歌曲伴唱的同时，朗读诗或词以抒发感情，也是一种很好的胎教音乐形式。但许多孕妇进行朗诵抒情胎教时，却是直接把录音机、收音机等放在肚皮上，让胎儿自己听音乐。这是不正确的。因为此时胎儿的耳蜗虽说发育趋于成熟，但还是很稚嫩，尤其是内耳基底膜上面的短纤维极为娇嫩，如果受到高频声音的刺激，很容易遭到不可逆性损伤。

环境胎教

环境胎教指在准备受孕前6个月，就开始学习环境安全卫生知识，以利于优化环境，安心养胎。

1～4月是胎儿的快速成长期，这是胎儿发育的重要时期。给胎儿一个良好的成长环境，能有效避免畸形胎儿。

良好的环境不仅可以使孕妇心情舒畅、身心放松，而且能促进胎儿的成长发育。因此，年轻夫妇在准备受孕前6个月就要开始学习环境卫生知识，以利于优境养胎。

居室环境对于孕妇是非常重要的，最基本的要求是要使居室整洁雅观。可以在居室的墙壁上悬挂一些活泼可爱的婴幼儿画片或照片，他们可爱的形象会使孕妇产生许多美好的遐想，形成良好的心理状态。

可以对居室进行绿化装饰，而且应以轻松、温柔的格调为主，无论盆花、插花装饰，均以小型为佳，花香也不宜太浓，孕妇处在被花朵装饰得温柔雅致的房屋里，一定

会有舒适轻松的感觉，这有利于消除孕妇的疲劳，增添情趣。

在优美的居室里，孕妇可以培养自己更广泛的兴趣，如自己种一些花草，喂养一些漂亮的小鱼等，这些都能够陶冶孕妇的情操。

除此之外孕妇要经常到空气清新、风景秀丽的地方游览，多看看美丽的花草。因为这不仅使孕妇置身于舒适优美的环境中，而且，孕妇也得到了美与欢快的感受，自觉心情轻松愉快，进而影响她腹中的胎儿。

但需要注意的是，孕妇不能在有毒有害的环境内生活。在整个孕期，孕妇都要尽可能避开各种污染，比如二手烟、汽车排放的尾气等。

准妈妈的艺术欣赏

名画中的意境会通过孕妇将听到的、见到的、感知到的大量信息传递给胎儿，刺激胎儿大脑生长。

《维纳斯的诞生》

《维纳斯的诞生》一画，原是为装饰劳伦佐的别墅而作的，作于1485年间。据说，画家从波利齐安诺一首长诗《吉奥斯特纳》中受到启迪，诗中形容维纳斯女神从爱琴海中诞生，风神把她送到岸边，春神又从右边急忙迎来，正欲给她披上用天空的星星织成的锦衣，纷飞的鲜花加强了这种诗的意境。画家处理这个场面时，舍弃了原诗中一些喧闹的描写，把美神安排在一个极幽静的地方，背景是平静而微有碧波的海面。维纳斯忧郁地站在象征她诞生之源的贝壳上，她的体态显得娇柔无力，对迎接者以及这个世界似乎缺乏热烈的反应。它告诉观者，女神来到人间后对于自己的未来，不是满怀信心，似乎充满着惆怅。

[意大利] 桑德罗·波提切利

《金色的秋天》

　　推荐准妈妈欣赏俄国著名风景画家列维坦的名作《金色的秋天》。列斯坦被称为"色彩抒情诗人"，他的画是俄罗斯大自然的象征，画家用自己的色彩勾勒出了俄罗斯独特的风光。

　　列维坦的这幅《金色的秋天》创作于1895年，画面充满了阳光，湛蓝的天空，仿佛活生生的会呼吸似的，天空飘浮着灰白色的云，阳光穿过云朵照耀在同样蓝得发亮的小溪上，田野正在由绿变黄，树叶已全部变成金黄色，清晰可见的笔触宣泄着画家心中涌动的激情湛蓝的天空。画家运用潇洒稳健的笔触和色块，高度概括地描绘了俄罗斯金黄色秋天的自然景象。这幅画是一首秋天的颂歌，秋高气爽，观赏者看后顿觉心旷神怡，一扫心中的灰暗。

〔俄国〕列维坦

《桃源仙境图》

全画以竖幅高远章法，分三层叠进，近景为深壑、小桥、流水，桥上有童子捧瓯而过。板桥过处，青草铺地，另一童子携食盒亢于岸头。隔小溪为山洞，内有钟乳石悬壁，有泉淌漾而出，洞口水边有一位仙者弹琴，两位仙者于旁静听，传神入微。

仙者傍依的山根岩石间，有山桃杂卉伴卧松而开放，古松自右岸斜坡横卧于洞顶，松皮龙壳，青藤盘绕，与左岸山岩之山桃相呼应，境界超逸，非神仙之属，又怎能到这里生存？这是作品的主题部分。

洞顶清霭虚掩处，有小路自云中显现，绕过山梁及松林，琼阁高筑与松柏相辉映，山涧有清泉，挟乱石而流泻，洞边杂卉仙草益发，石上小亭别具，山间浮云缭绕，斜晖之中，几组远山，一派云海，更使画面境界无尽。

〔明〕仇英

20

《牧场圣母》

　　一看到这幅画，准妈妈就看到快乐慈祥的圣母马利亚抱着活泼可爱的圣子，会感觉到一种细腻、委婉的母子之情。从画面中能感觉到一种祥和、安静的氛围。准妈妈就需要这种平静的心态，慢慢地体会这幅名画中的情感，而对于幸福的真谛也许就会有所感悟。

〔意大利〕乔凡尼·贝利尼

《西斯廷圣母》

　　拉斐尔的画对美丽与神圣、爱慕与敬仰都恰到好处，使人获得一种纯洁、高尚的精神享受。画中圣母脚踩云端，代表人间权威的统治者教皇西斯廷二世，身披华贵的教皇圣袍，取下桂冠，虔诚地欢迎圣母驾临人间。圣母的另一侧是圣女渥瓦拉，她代表着平民百姓来迎驾，她的形象妩媚动人，沉浸在深思之中。她转过头，怀着母性的仁慈俯视着小天使，仿佛同他们分享着思想的隐秘，这是拉斐尔的画中最美的一瞬间。人们忍不住追随小天使向上的目光，最终与圣母相遇，这是目光和心灵的汇合。

〔意大利〕拉斐尔·桑蒂

准妈妈学画简笔画

向日葵

　　类似太阳的大脑袋是我们要画的重点，中心位置外的小弧形可以大小不一，这样会更生动。

[工具小提示]

白纸

画笔

圆形模具

制作「步骤」

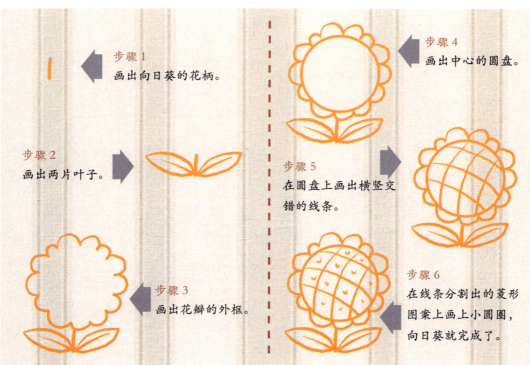

步骤 1
画出向日葵的花柄。

步骤 2
画出两片叶子。

步骤 3
画出花瓣的外框。

步骤 4
画出中心的圆盘。

步骤 5
在圆盘上画出横竖交错的线条。

步骤 6
在线条分割出的菱形图案上画上小圆圈，向日葵就完成了。

荷花

荷花和叶子要紧密结合起来，花离不开叶，叶也离不开花。

[工具小提示]

白纸

画笔

制作「步骤」

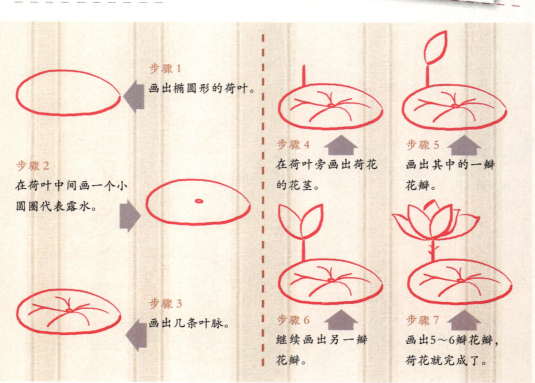

步骤1
画出椭圆形的荷叶。

步骤2
在荷叶中间画一个小圆圈代表露水。

步骤3
画出几条叶脉。

步骤4
在荷叶旁画出荷花的花茎。

步骤5
画出其中的一瓣花瓣。

步骤6
继续画出另一瓣花瓣。

步骤7
画出5~6瓣花瓣，荷花就完成了。

24

仙人球

仙人球上面有好多的小刺，画的时候一定要掌握好数量。

[工具小提示]
白纸
画笔

制作「步骤」

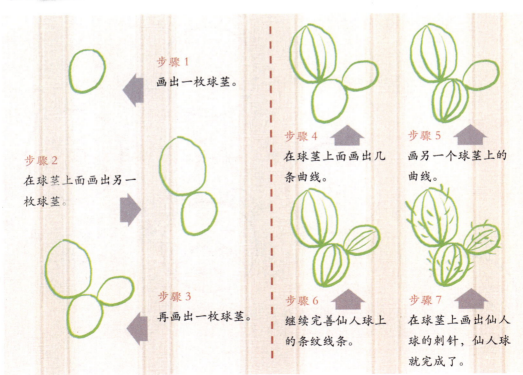

步骤 1
画出一枚球茎。

步骤 2
在球茎上面画出另一枚球茎。

步骤 3
再画出一枚球茎。

步骤 4
在球茎上面画出几条曲线。

步骤 5
画另一个球茎上的曲线。

步骤 6
继续完善仙人球上的条纹线条。

步骤 7
在球茎上画出仙人球的刺针，仙人球就完成了。

小熊

画小熊最重要的地方是小熊的鼻子和嘴部，否则就会很像熊猫啦。

[工具小提示]

白纸

画笔

圆形模具

制作「步骤」

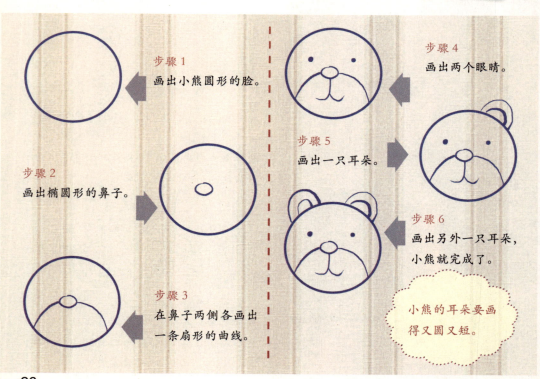

步骤 1
画出小熊圆形的脸。

步骤 2
画出椭圆形的鼻子。

步骤 3
在鼻子两侧各画出一条扇形的曲线。

步骤 4
画出两个眼睛。

步骤 5
画出一只耳朵。

步骤 6
画出另外一只耳朵，小熊就完成了。

小熊的耳朵要画得又圆又短。

26

熊猫

　　熊猫的眼睛和小熊的眼睛有很大的区别，在画的时候一定要注意。

[工具小提示]	
白纸	
画笔	
圆形模具	

制作「步骤」

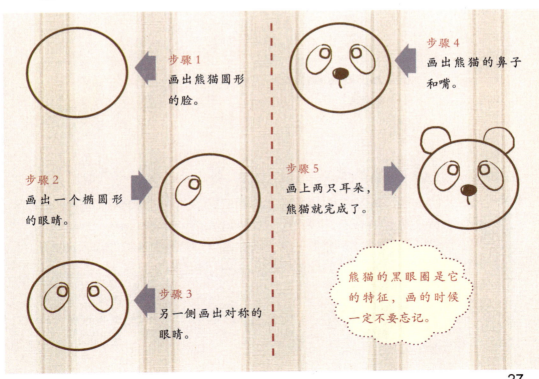

步骤 1
画出熊猫圆形的脸。

步骤 2
画出一个椭圆形的眼睛。

步骤 3
另一侧画出对称的眼睛。

步骤 4
画出熊猫的鼻子和嘴。

步骤 5
画上两只耳朵，熊猫就完成了。

熊猫的黑眼圈是它的特征，画的时候一定不要忘记。

蜻蜓

蜻蜓的左右翅膀切记要画对称，尾部要画得稍微长一些。

[工具小提示]

白纸

画笔

制作「步骤」

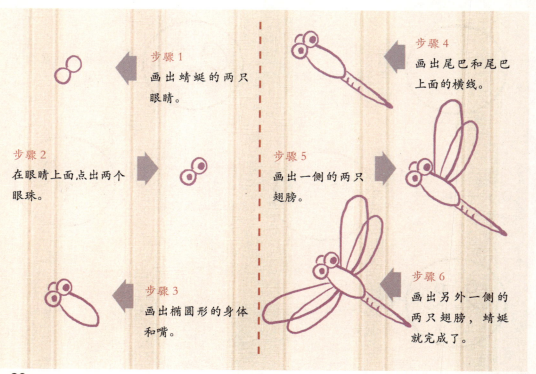

步骤 1
画出蜻蜓的两只眼睛。

步骤 2
在眼睛上面点出两个眼珠。

步骤 3
画出椭圆形的身体和嘴。

步骤 4
画出尾巴和尾巴上面的横线。

步骤 5
画出一侧的两只翅膀。

步骤 6
画出另外一侧的两只翅膀，蜻蜓就完成了。

青蛙

圆圆的身子像鸡蛋一样，切记前腿稍微短一些。

[工具小提示]

白纸

画笔

椭圆形模具

制作「步骤」

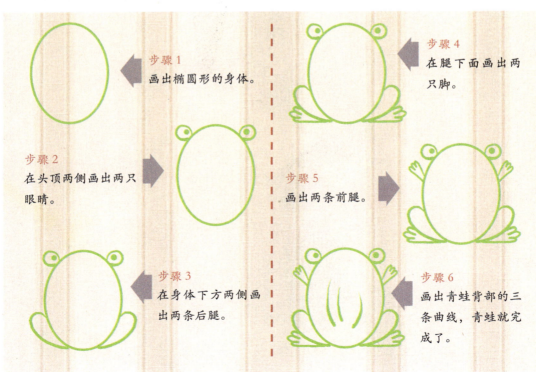

步骤 1
画出椭圆形的身体。

步骤 2
在头顶两侧画出两只眼睛。

步骤 3
在身体下方两侧画出两条后腿。

步骤 4
在腿下面画出两只脚。

步骤 5
画出两条前腿。

步骤 6
画出青蛙背部的三条曲线，青蛙就完成了。

准妈妈的手工折纸

乌鸦

要点：乌鸦的嘴和脚要折出
尖尖的感觉。

[工具小提示]

剪刀

裁刀

彩色纸

画笔

制作「步骤」

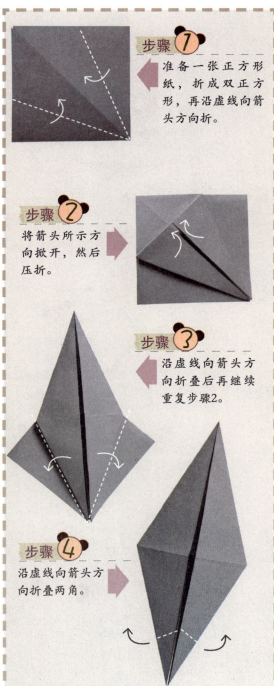

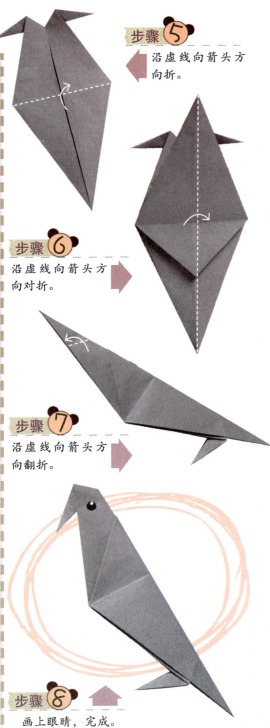

步骤 1
准备一张正方形纸，折成双正方形，再沿虚线向箭头方向折。

步骤 2
将箭头所示方向掀开，然后压折。

步骤 3
沿虚线向箭头方向折叠后再继续重复步骤2。

步骤 4
沿虚线向箭头方向折叠两角。

步骤 5
沿虚线向箭头方向折。

步骤 6
沿虚线向箭头方向对折。

步骤 7
沿虚线向箭头方向翻折。

步骤 8
画上眼睛，完成。

兔帽

要点：折叠兔帽的时候，在选择纸张大小时要注意一下，如果想佩戴在头上要尽量选择大一些的纸张。

[工具小提示]

正方形彩色纸

画笔

制作「步骤」

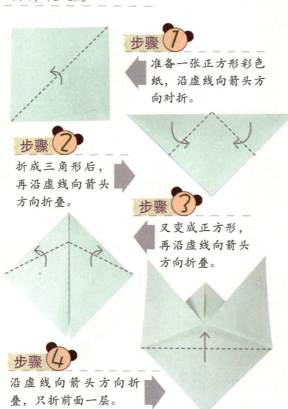

步骤 1

准备一张正方形彩色纸，沿虚线向箭头方向对折。

步骤 2

折成三角形后，再沿虚线向箭头方向折叠。

步骤 3

又变成正方形，再沿虚线向箭头方向折叠。

步骤 4

沿虚线向箭头方向折叠，只折前面一层。

步骤 5

已经看出兔子头的感觉，再沿虚线向箭头方向折叠。

步骤 6

沿虚线向箭头方向折叠。

步骤 7

画上眼睛，完成。

气球

要点：在折叠气球的时候最重要的一步就是将气球吹起来，所以在之前的每一个细节也要精细。

[工具小提示]

正方形彩色纸

裁刀

制作「步骤」

步骤 ①
准备一张正方形彩色纸，沿虚线向箭头方向对折。

步骤 ②
折成双三角形，再沿虚线向上折。

步骤 ③
沿虚线由内向外翻折，同步骤2。

步骤 ④
沿虚线向中心折，背面也一样。

步骤 ⑤
沿虚线将两角向下折，背面也一样。

步骤 ⑥
把两个三角塞进缝中，后面也塞进去。

步骤 ⑦
向中心位置吹气，完成。

33

小房子

要点：小房子的折叠方法相对比较简单，只要注意左右是否对称就可以完成。

[工具小提示]

正方形彩色纸

画笔

制作「步骤」

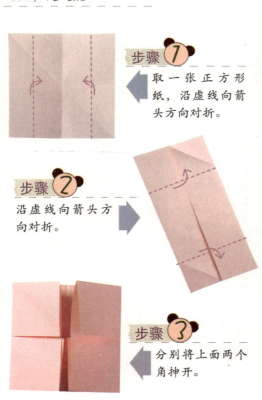

步骤 1
取一张正方形纸，沿虚线向箭头方向对折。

步骤 2
沿虚线向箭头方向对折。

步骤 3
分别将上面两个角抻开。

步骤 4
压实折痕。

步骤 5
画上门窗，完成。

别墅

要点: 别墅的折叠方法与小房子的折叠方法类似,后期的门窗画法上可以相对复杂一些,多体现出别墅的豪华。

[工具小提示]

正方形彩色纸

画笔

制作「步骤」

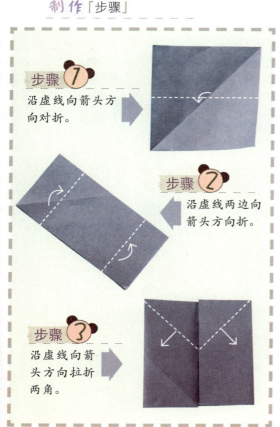

步骤 ①
沿虚线向箭头方向对折。

步骤 ②
沿虚线两边向箭头方向折。

步骤 ③
沿虚线向箭头方向拉折两角。

步骤 ④
沿虚线向箭头方向折叠。

步骤 ⑤
画上门窗,完成。

狗头

要点：狗头上的耳朵要对称，高低要一致。

[工具小提示]

剪刀

裁刀

彩色纸

画笔

制作「步骤」

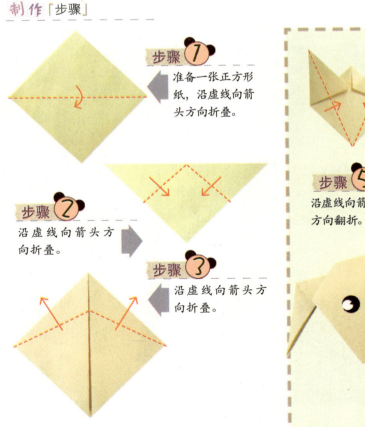

步骤 ① 准备一张正方形纸，沿虚线向箭头方向折叠。

步骤 ② 沿虚线向箭头方向折叠。

步骤 ③ 沿虚线向箭头方向折叠。

步骤 ④ 沿虚线向箭头方向折叠，再翻转。

步骤 ⑤ 沿虚线向箭头方向翻折。

步骤 ⑥ 画上眼睛、鼻子和嘴，完成。

小猪

要点： 在折叠猪的过程中一定要注意四条腿的比例。

[工具小提示]

剪刀

裁刀

彩色纸

画笔

制作「步骤」

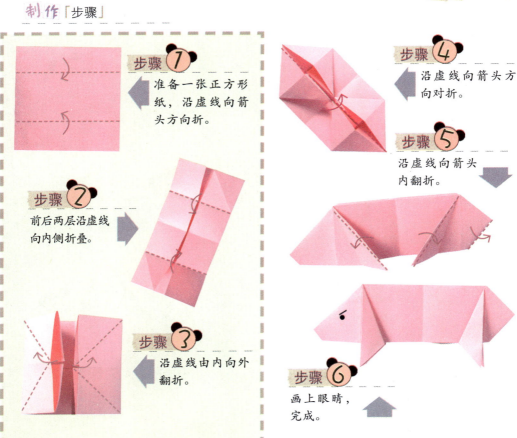

步骤 ① 准备一张正方形纸，沿虚线向箭头方向折。

步骤 ② 前后两层沿虚线向内侧折叠。

步骤 ③ 沿虚线由内向外翻折。

步骤 ④ 沿虚线向箭头方向对折。

步骤 ⑤ 沿虚线向箭头内翻折。

步骤 ⑥ 画上眼睛，完成。

37

天鹅

要点：天鹅的翅膀和头部、尾部折叠的时候要认真压实，看起来会更加活灵活现。

[工具小提示]

剪刀

裁刀

彩色纸

画笔

制作「步骤」

步骤 1

准备一张正方形纸，先折出双菱形。

步骤 2

沿虚线向箭头方向翻折，背面也一样。

步骤 3

沿虚线向箭头方向对折，背面也一样。

步骤 4

沿虚线向箭头方向折，背面也一样。

步骤 5

沿虚线向箭头方向折，背面也一样。

步骤 6

画上眼睛，完成。

鹤

要点：鹤与天鹅的折法基本类似，但是纸张要裁成三角形。

[工具小提示]
剪刀
裁刀
彩色纸
画笔

制作「步骤」

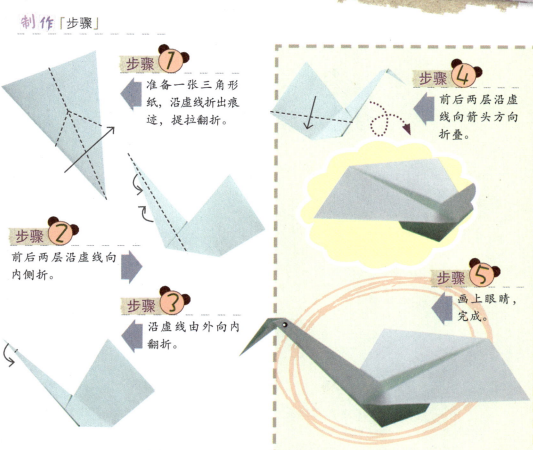

步骤 1
准备一张三角形纸，沿虚线折出痕迹，提拉翻折。

步骤 2
前后两层沿虚线向内侧折。

步骤 3
沿虚线由外向内翻折。

步骤 4
前后两层沿虚线向箭头方向折叠。

步骤 5
画上眼睛，完成。

纸杯

要点：在折叠制作纸杯的过程中要注意纸杯两面的对称性。

[工具小提示]

剪刀
裁刀
彩色纸

制作「步骤」

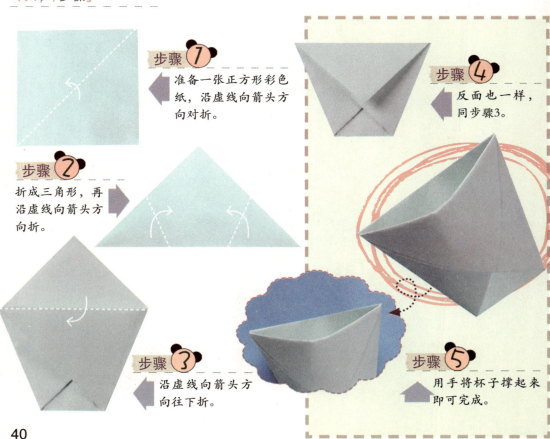

步骤 1

准备一张正方形彩色纸，沿虚线向箭头方向对折。

步骤 2

折成三角形，再沿虚线向箭头方向折。

步骤 3

沿虚线向箭头方向往下折。

步骤 4

反面也一样，同步骤3。

步骤 5

用手将杯子撑起来即可完成。

小衣服

要点：折叠的过程中，每一步要尽量压实，这样折出来的成品效果才会更好。

[工具小提示]

正方形彩色纸

画笔

制作「步骤」

步骤 1
沿虚线向中心折。

步骤 2
沿虚线向中间对折。

步骤 3
折成长方形，再沿虚线向后折。

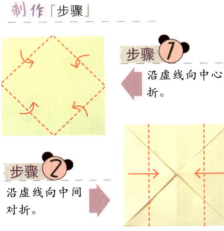

步骤 4
将上面两角沿虚线向箭头方向折，折出衣服的领子。

步骤 5
掀起下面两角沿虚线朝箭头方向折，然后沿虚线向上折，压在领子下面。

步骤 6
画上纽扣，完成。

念给胎宝宝的睡前故事

 ## 捞月亮

从前，有只小猴子在井边玩，他看到井里有个月亮。小猴子叫起来："糟啦、糟啦！月亮掉在井里啦！"

大猴子听见了，跑过来一看，跟着叫起来："糟啦、糟啦！月亮掉在井里啦！"

老猴子听见了，跑过来一看，也跟着叫起来："糟啦、糟啦！月亮掉在井里啦！"

附近的猴子也听见了，全都跑过来看。大家一起叫起来："糟啦、糟啦！月亮掉在井里啦！咱们快把它捞上来吧！"

于是，猴子们爬上了井旁边的大树。老猴子倒挂在树上，拉住大猴子的脚；大猴子也倒挂着，拉住另一只猴子的脚。猴子们就这样一只接一只，一直挂到井里头，小猴子挂在最下边。

小猴子伸手去捞月亮，可手刚碰到水，月亮就不见了。

老猴子一抬头，看见月亮还在天上，他喘着气，说："不用捞了，不用捞了，月亮好好地挂在天上呢！"

宝贝，妈妈对你说 ------------------

宝贝，故事中的小猴子天真、可爱、好奇心强。它不知道水中的月亮只是天上月亮的倒影，于是决定捞月亮。我亲爱的宝贝，你知道吗？在这个世界上，有无限的知识等着你去学习呢！妈妈希望你能像小猴子一样天真、可爱，能用自己的行动去验证对与错，妈妈真盼着你能健康快乐地长大啊！

乌鸦喝水

一只乌鸦口渴了，到处找水喝。忽然，乌鸦在草丛里发现了一个瓶子，瓶子里居然还有一些水。乌鸦高兴极了，赶忙去喝水。可是瓶子里的水太少了，瓶口又小，乌鸦把嘴伸进瓶口，可是怎么也喝不着水。怎么办呢？

这时候，乌鸦看见旁边有许多小石子，便想出办法来。乌鸦把小石子一个一个地放进瓶子里，瓶子里的水位渐渐升高了，于是，乌鸦毫不费力地喝到了水。

宝贝，妈妈对你说

这真是一只非常聪明的乌鸦呀！它知道把小石子放进瓶子里，就能使水位上升的道理。我的宝贝，知识就是力量，人只有具备一定的知识，才会拥有充满智慧的头脑，才能更好地生存下去。爸爸妈妈希望你将来能够勤奋好学，遇事多动脑筋，成为一个充满智慧的人，那样的话，你会生活得更顺利、更幸福呢！

文彦博树洞取球

从前，有个孩子叫文彦博。他非常聪明，又特别爱动脑筋。

有一天，他和几个小伙伴在外面踢球，大伙儿你踢过来，我踢过去，玩得可高兴了！踢了一会儿，有一个小伙伴使劲儿踢了一脚，哎呀！这一脚用力也太大了，球飞出老远老远，一下子飞到一棵大树后面了，大家赶紧跑过去找球。可是，他们围着这棵大树找呀找，绕了一圈又一圈，怎么也找不到球。小伙伴们都觉得很奇怪，明明这颗球是朝这边儿飞过来的呀！怎么一眨眼它就不见了呢？大家正在纳闷儿，忽然，有一个孩子叫了起来。

"快来看呀！这里有个树洞！"大家过去一看，原来，球滚到树下一个很深的洞里了。

大家有的用手掏，有的用棍儿捅，但树洞又深又曲，怎么也取不出来。

这时，文彦博想出了一个好办法。他让别的小朋友用桶打来水，灌到洞里，水灌满了，球也跟着浮上来了。

小伙伴们终于拿到了球，开心极了。大家都夸文彦博聪明，能想出这么好的办法。取出了球，他们就又可以一起开心地踢球了。

宝贝，妈妈对你说 ------------------

亲爱的宝贝，每个人在成长的过程中，都会遇到各种困难。在遇到困难时，妈妈希望你能像故事中的文彦博一样，冷静地想出好办法，用智慧战胜困难，妈妈相信你一定可以做得到。

 狼来了

从前，有个放羊娃，每天都去山上放羊。

有一天，他觉得十分无聊，就想了个捉弄大家的方法。他冲着山下正在种田的农夫们大声喊："狼来了！狼来了！救命啊！"农夫们听到喊声急忙拿着锄头和镰刀往山上跑，他们边跑边喊："不要怕，孩子，我们来帮你打恶狼！"

农夫们气喘吁吁地赶到山上一看，连狼的影子也没有！放羊娃哈哈大笑道："真有意思，你们上当了！"农夫们生气地走了。

第二天，放羊娃故技重演，善良的农夫们又冲上来帮他打狼，可还是没有见到狼的影子。放羊娃笑得直不起腰："哈哈！你们又上当了！哈哈！"

大伙儿对放羊娃一而再、再而三地说谎感到十分生气，从此再也不相信他的话了。

过了几天，狼真的来了，一下子闯进了羊群。放羊娃害怕极了，拼命地向农夫们喊："狼来了！狼来了！快救命呀！狼真的来了！"

农夫们听到他的喊声，以为他又在说谎，大家都不理睬他，没有人去帮他，结果放羊娃的许多羊都被狼咬死了。

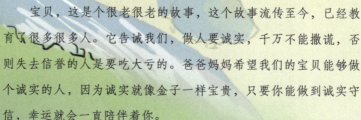

宝贝，妈妈对你说

宝贝，这是个很老很老的故事，这个故事流传至今，已经教育了很多很多人。它告诫我们，做人要诚实，千万不能撒谎，否则失去信誉的人是要吃大亏的。爸爸妈妈希望我们的宝贝能够做个诚实的人，因为诚实就像金子一样宝贵，只要你能做到诚实守信，幸运就会一直陪伴着你。

掉在井里的狐狸和公山羊

一只狐狸不小心掉进了井里，井太深了，无论它怎样拼命挣扎也没办法爬上去，于是，只好待在那里。

一只公山羊觉得口渴了，来到这口井边，看见狐狸在井下，便问它井水好不好喝。狐狸觉得机会来了，心中暗喜，极力赞美井水好喝，说这水清甜爽口，好喝极了，并劝山羊赶快下来，与它一起痛饮。

公山羊相信了狐狸的话，不假思索地跳了下去，当它"咕咚咕咚"痛饮完后，才发现自己也出不去了。于是，不得不与狐狸一起商量出去的办法。狐狸早有准备，它狡猾地说："我有一个方法，你用前脚扒在井墙上，再把角竖直了，我踩着你的后背跳上井去，再拉你上来，我们就都得救了。"公山羊同意了狐狸的提议。狐狸踩着公山羊的后脚，跳到公山羊的背上，然后再用力一跳，跳出了井口。

狐狸上去以后，便不顾公山羊独自逃走了。公山羊指责狐狸不信守诺言，狐狸回过头，对公山羊说："喂，朋友，你的头脑如果像你的胡须那样完美，你就不至于在没看清出口之前就盲目地跳下去了。"

宝贝，妈妈对你说 --------------------

故事中的公山羊虽然很善良，但是它却轻易相信了坏人的话，以至于最终落入了不幸。宝贝，这个世界上有好人也有坏人，我们只能凭借自己的智慧做出正确的判断，聪明的人应该事先考虑清楚事情的结果，然后才去做。妈妈希望我的宝贝能做个聪明的人，不被坏人所欺骗，才能更好地保护自己。

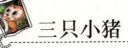

三只小猪

从前，有一位猪妈妈和她的三只小猪住在一起。一天，猪妈妈对孩子们说："你们已经长大了，应该独立生活了，等你们盖好自己的房子后就搬出去住吧。"

老大先动手了。他首先扛来许多稻草，选择了一片空地，在中间搭了一座简易的稻草屋，然后用草绳捆了捆。"哈哈！我有自己的房子了！"老大乐得欢蹦乱跳。

老二跑到山上砍下许多木头，锯成木板、木条，叮叮当当地敲个不停。不久，老二也盖好了自己的木房子。显然这房子比老大的要漂亮、结实得多。

老三回到家左思右想，终于决定建造一栋用砖石砌成的房子，因为这种房子非常坚固，不怕风吹雨打。老三每天起早贪黑，一趟一趟地搬回一块一块的石头，夜以继日地工作。终于，老三的新房子也盖好了！他好高兴啊！

有一天来了一只大野狼。老大惊慌地躲进了他的稻草屋。野狼"嘿嘿"地冷笑了两声，狠狠吹了口气就把稻草屋吹倒了。老大吓得撒腿就跑。老大径直跑到老二家，老二赶紧让大哥进了屋，关好门。大野狼追到门前停了下来，随即一下一下地向大门撞去。"哗啦"一声，木房子被撞倒了。兄弟俩又拼命逃到老三家，老三等哥哥们一进屋就赶紧关好了门窗，胸有成竹地说："别怕！没问题了！"

大野狼站在大门前，它知道房子里有三只小猪，可不知怎么才能进去。它对着房门呼呼吹气，结果无济于事；它又用力去撞，房子纹丝不动。大野狼转身去找了一把锤子，挥起锤子砸了下去，没想到锤子的把手断了，反弹回来正砸在大野狼的头上。"疼死我了！"大野狼怪叫着。它真的无计可施了，绕着房子转了一圈又一圈，最后爬上房顶，它想从烟囱溜进去。老三从窗口发现后，马上点起了火。大野狼掉进火炉里，熏得够呛，整条尾巴都烧焦了。它嚎叫着夹着尾巴逃走了，再也不敢来找三只小猪的麻烦了。

宝贝，妈妈对你说 -------------------

　　宝贝，你来说说故事中的三只小猪哪只最聪明呢？对，第三只小猪最聪明。因为老大、老二都不愿花心思，草率盖出了房子，结果大灰狼来的时候，它们的房子都没有抵挡住危险。而老三则实实在在、认认真真地盖着房子，虽然老三花了最多的时间，付出了最大的精力，但却得到了最好的回报，盖出了能够抵挡危险的房子，拯救了三只小猪的生命。宝贝，如果是你，你会选择做哪只小猪呢？

53

狐假虎威

从前，有一只老虎肚子饿了，跑出去寻觅食物。

当它走到一片茂密的森林时，忽然看到前面有只狐狸正在散步，它觉得这是个千载难逢的好机会，于是一跃身扑过去，毫不费力地将狐狸擒住。

可是当它张开嘴巴，正准备把狐狸吃进肚子里的时候，狡猾的狐狸突然说话了："哼！你不要以为自己是百兽之王，便敢吃掉我，你要知道，天帝已经命我为王中之王，你若吃了我，就会遭到天帝的制裁与惩罚。"

老虎听了狐狸的话，半信半疑。可当它看到狐狸那副傲慢镇定的样子时，就已经有些胆怯了，老虎原来那股嚣张的气焰，竟不知不觉消失了大半。老虎心想："我身为百兽之王，天底下任何野兽见了我都会害怕。而它，竟然不怕我，难道真的是奉天帝之命来统治我们的？"

这时，狐狸见老虎迟疑着不敢吃它，知道老虎对自己的那番说辞已经有几分相信了，于是便更加神气十足地挺起胸膛，指着老虎的鼻子说："怎么，难道你不相信我的话吗？那么你现在就跟我来，走在我后面，看看所有野兽见了我，是不是都吓得魂不附体，抱头鼠窜？！"

老虎觉得这个主意不错，便照着做了。于是，狐狸就大模大样地在前面开路，而老虎则小心翼翼地跟在后面。它们没走多远，就隐约看见森林的深处，有许多小动物正在争相觅食，但是当小动物们发现了走在狐狸后面的老虎时，不禁大惊失色，狂奔四散。

这时，狐狸很得意地掉过头看看老虎，老虎目睹这种情形，不禁也有些心惊胆战，但它并不知道小动物们怕的是自己，还以为它们真是怕狐狸呢！

宝贝，妈妈对你说 ------------------->

　　亲爱的宝贝，故事中的狐狸很狡诈，它借助老虎的威势在小动
物面前称王，而老虎却盲目地相信了狐狸，被表面的假象所蒙蔽。宝
贝，在这个世界上，总会有像狐狸那样喜欢说谎话，借助别人威势作
威作福的人。我们要开动脑筋，不能轻易被这样的人所欺骗；同样，
我们也不要以这种方式欺负别人。

 ## 下金蛋的鸡

有一对贫穷的夫妇，依靠自己家的一块田地维持生活，每年收的粮食只能勉强过活。值得欣慰的是他们家还养了一只母鸡，每天可以下一枚鸡蛋。

有一天，农夫早上起来发现这只母鸡下了一枚金蛋，他马上到镇子里把金蛋卖掉，换回了很多钱。不费吹灰之力就得到了这么多钱，农夫十分高兴。

从那天起，这只母鸡每天下一枚金蛋，夫妇俩很快发了大财，买下了肥沃的土地，盖起了漂亮的大房子，还请了很多仆人，日子过得舒服极了。

但他们非常贪心，对这一切并不满足。有一天他们躺在床上，妻子说："既然母鸡每天都能下一枚金蛋，那它肚子里肯定有很多金蛋，也许就是个金库……"丈夫紧接着说："对啊，我们把母鸡杀了，从肚子里把所有的金蛋都拿出来吧！"

于是他爬了起来，取了把刀杀了那只母鸡，却发现鸡肚子里并没有金蛋，和普通母鸡没有什么区别。

宝贝，妈妈对你说

从前夫妻俩很穷，后来他们有了金蛋，每天能够获得一枚金蛋，可是这对夫妻仍然不满足，他们想获得更多的金蛋，于是杀了鸡，却什么都没得到。亲爱的宝贝，你知道吗？一个人要懂得满足，贪得无厌的人是没有好下场的。妈妈希望你将来能成为一个知足常乐的人，只有懂得珍惜的人，才能体会到拥有所带来的快乐。

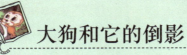

大狗和它的倒影

从前有一只大狗，它饿了一整天，在路上没精打采地走着。从早晨到下午，可怜的大狗连一点肉都没找到，它非常伤心。

狗耷拉着耳朵绝望地想："要是我再找不到食物，可能就饿死在这里了。"这时，一只小狗嘴里叼着一块肉，从它旁边经过，大狗看着小狗嘴边的肉，不住地流出口水。大狗决定把肉抢走，于是，它向小狗"汪汪、汪汪"叫了几声，接着，就猛扑过去。

小狗被吓坏了，出了一身冷汗，丢下那块肉，转身逃跑了。

大狗得意地捡起自己不战而获的食物，想找个安全的地方好好享受一下。大狗叼着这块肉，路过一条小河，小心地往下看。发现小河里也有一只狗叼着一块肉，正睁大眼睛看着自己呢！大狗想：已经得到了一块肉，眼前又有那么大的肉，我怎么能不要呢？于是，就扔下那块肉，跳了下去。可是它不但没得到水中的肉，还失去了原来那块肉。

宝贝，妈妈对你说 ------------------------

宝贝，这个故事中的大狗本来已经快要饿死了，这时候它得到了救命的食物。按道理说，它应该非常感恩并且很满足了。但是它并没有满足，无限的贪心使它不仅没能获得更多的肉，还把原来的肉也失去了。所以，我的宝贝，做人是不可以贪得无厌的，我们要珍惜现有的东西，要感谢它们的存在，不要等到失去了才后悔莫及。

 **龟兔赛跑**

有一天，兔子碰见乌龟，笑眯眯地说："乌龟，咱们来赛跑吧！"

乌龟知道兔子在拿它开玩笑，瞪着一双小眼睛，不理也不睬。

兔子知道乌龟不敢跟它赛跑，乐得摆着耳朵直蹦跳，还编了一支山歌笑话它：乌龟、乌龟爬爬，一早出门采花，乌龟、乌龟走走，傍晚还在门口。

乌龟听了很生气，说："兔子，你别得意，咱们现在就来赛跑。"

兔子一听，差点笑破了肚皮："乌龟，你真敢跟我赛跑？那好，咱们从这儿跑起，看谁先跑到山脚下的那棵大树。"预备！一、二、三、开跑！"兔子撒开腿就跑，一会儿工夫就跑得很远了。

兔子回头一看，乌龟才爬了一小段路呢！心想：乌龟敢跟我赛跑，真是天大的笑话！我呀，在这儿睡上一大觉，让它爬到这儿，不，让它爬到前面去吧，我三蹦两跳就追上它了。于是，兔子把身子往地上一歪，合上眼皮，真的睡着了。

再说乌龟，爬得也真慢，可是它一个劲儿地爬呀、爬呀，等它爬到兔子身边时，已经累坏了。兔子还在睡觉，乌龟也想休息一会儿，可是它知道兔子跑得比它快，只有坚持爬下去才有可能赢。于是，它不停地往前爬呀爬，离大树越来越近了，只差几十步了，十几步了，几步了，终于到了！

兔子呢？它还在睡觉呢！兔子醒来后往后一看，咦？乌龟怎么不见了？再往前一看，哎呀，不得了了！乌龟已经爬到大树底下了。这下兔子可急了，急忙赶上去可已经晚了，乌龟已经赢了。

宝贝，妈妈对你说

宝贝，这是个很老很老的故事，但它说明了一个非常实用的道理："谦虚使人进步，骄傲使人落后。"宝贝，兔子虽然天生就擅长赛跑，有着先天的优势，可是它太骄傲了，过于轻视对手，导致了最终的失败。乌龟虽然天生就不擅长赛跑，可是它并没有放弃和对手的竞争，它用顽强的毅力和坚持不懈的精神，最终赢得了比赛。所以，宝贝，也许你在某些方面不如别人，但是千万不能轻言放弃，只要肯付出努力，持之以恒地坚持下去，一定可以获得成功。

东郭先生

　　从前有一位书生叫东郭先生，十分迂腐。一天，一只带伤的狼窜到他的面前，哀求说："先生，我现在正被一位猎人追赶，求求您把我藏在您的口袋里，将来我一定会好好报答您的。"东郭先生当然知道狼是害人的，但他觉得这只受伤的狼很可怜便答应了它。东郭先生让狼蜷曲了四肢，然后用绳子把狼捆住，尽可能让它的身体变得小些，以便装进放书的口袋中去。

　　不一会儿，猎人追了上来，发现狼不见了，就问东郭先生："你看见一只狼没有？它往哪里跑了？"东郭先生说："我没有看见，也许从别的路逃走了。"猎人相信了东郭先生的话，朝别的方向追去了。狼在书袋里听到猎人骑马远去的声音后，就央求东郭先生把它放出去。仁慈的东郭先生，经不起狼的花言巧语，把狼放了出来。不料，狼却嗥叫着对东郭先生说："先生既然做好事救了我的命，现在我饿极了，你就再做一次好事，让我吃掉你吧。"说着，狼就张牙舞爪地向东郭先生扑去。

　　正在这时，有一位农民路过，东郭先生向他讲述自己救了狼，狼却反过来要伤害自己的经过，请农民评理。可是狼却一口否认。农民想了想说："你们的话，我都不相信，这只口袋这么小，怎么可能装下一只大狼呢。请再装一次，让我亲眼看一看。"狼同意了，它又躺在地上，蜷作一团，让东郭先生重新用绳子捆起来，装进了口袋里。老农立即把口袋扎紧，对东郭先生说："这种伤害人的野兽是不会改变本性的，你对狼讲仁慈，简直太糊涂了。"说罢，抢起锄头，把狼打死了。

　　东郭先生恍然大悟，非常感谢农民及时救了他的命。

宝贝，妈妈对你说 --------------------

　　宝贝，妈妈也希望你长大后成为一个善良、富有同情心的人。但是，这和东郭先生做的好事完全不是一回事。东郭先生虽然好心地帮助了狼，可是他并没有认清狼的本质，帮助了不该帮助的对象，结果险些丢了自己的性命。所以，我们以后帮助别人的时候，要选择那些真正需要帮助并懂得感恩的人，如果帮助了忘恩负义的人，反而使好事变成坏事了。

三个和尚

从前有一座山，山上有座小庙，庙里有个小和尚。他每天挑水、念经、敲木鱼，给案桌上观音菩萨的净水瓶添水，夜里不让老鼠来偷东西，生活过得安稳自在。

不久，庙里来了个高和尚。他一到庙里，就把半缸水喝光了。小和尚叫他去挑水，高和尚心想一个人去挑水太吃亏了，便要小和尚和他一起去抬水，两个人只能抬一只水桶，而且水桶必须放在扁担的中央，两人才心安理得。这样总算还有水喝。

后来，庙里又来了个胖和尚。他也想喝水，但缸里没水。小和尚和高和尚叫他自己去挑，胖和尚挑来一担水，立刻独自喝光了。从此谁也不挑水，三个和尚就没水喝了。

大家各念各的经，各敲各的木鱼，观音菩萨面前的净水瓶没人添水，花草也枯萎了，夜里老鼠出来偷东西，谁也不管，结果老鼠猖獗，打翻了烛台，燃起了大火。三个和尚这才一起奋力救火，大火被扑灭了，他们也觉醒了。

从此三个和尚齐心协力，水自然就更多了。

宝贝，妈妈对你说 - - - - - - - - - - - - - - - - - - -

宝贝，这是一个既简单又有趣的小故事，故事中为什么一个小和尚有水喝，两个和尚抬水喝，而三个和尚没水喝呢？因为每个和尚都很自私，他们都不想付出的比别人多，宁可大家都没水喝，也不肯去挑水。但是一场大火使他们觉醒了，他们终于肯团结起来，互相合作，这样自然就都有水喝了。我的宝贝，我们每个人都生活在集体中，不能只考虑自己的得失，而忽略了集体的力量。只有集体中的每个成员都发挥自己的能量，才能使整个集体强大起来。

亡羊补牢

战国时期的楚襄公，平日只知道享乐，不问国事，导致国家一天比一天衰落。有位叫庄辛的大臣曾多次劝谏，楚襄公不听，庄辛便辞去官职去赵国避居。

后来，楚国被秦国打败，楚襄公非常后悔当初没有听庄辛的劝谏，便命人设法把庄辛从赵国找回来询问对策。

庄辛回来后，给楚襄公讲了这么一个故事："从前有一户人家，养了很多羊。有一天发现羊圈里少了一只羊，邻居告诉他说：'你家羊圈有个洞，狼从洞里钻进去偷走了羊，你赶快把洞补好，羊就不会再丢失了。'那家人不听，结果第二天早上又少了一只羊，第三天、第四天……每天都有一只羊被偷走。后来那家人见羊越来越少，终于接受了教训与劝告，修补了羊圈，此后再也没有丢失过羊。"

楚襄公听了，似有所悟，决心弥补过失，把国家治理好。

宝贝，妈妈对你说 -------------------

宝贝，我们每个人都会做错事，但是做错事没有关系，只要我们敢于吸取教训并设法补救，就可以避免再受损失。就像那家养羊的人家一样，听取了邻居的劝告，才没有丢失更多的羊。所以我们常说："亡羊补牢，为时不晚。"

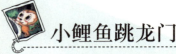

小鲤鱼跳龙门

一天，鲤鱼奶奶给小鲤鱼们讲了一个故事："听老一辈的鲤鱼说，世界上有一个龙门，矗立在大海和大河交界的地方。那龙门很高很高，要是鲤鱼能跳过那个龙门，就能变成一条大龙，像云彩一样可以游到天上去……"

有一条金色小鲤鱼要去找那个龙门，它想，要是能跳过去，变成一条大龙，该多有意思呀！于是，金色小鲤鱼带着一群小兄弟，悄悄地游走了。它们顺着这条大河游啊、游啊，一直向前游去。金色小鲤鱼一次又一次地往水面上跳着，老是找不到那个龙门，但它们没有放弃，还是向前游去。

它们游过了一座桥洞，来到了一条大河，游过了深水处，终于看到龙门啦！那龙门像一座桥，可是没有桥洞，高高的斜坡，全是用大石块堆砌起来的。这样高大的龙门，除了往上跳，谁也游不过去呀！金色小鲤鱼对伙伴们说："我先跳过去，你们一个一个跟着来。"

但是金色小鲤鱼试了几次，都不行。后来，金色小鲤鱼再一次跳的时候，被一个浪头一拍，弹得很高，它就从这里找出一个办法来。于是一条小鲤鱼冲过去，跳到半空中，又落下来，另一条小鲤鱼跳上去，把那条快要落下的小鲤鱼弹得很高，弹到龙门那边去了。

这样一条顶一条地跳着，最后，金色小鲤鱼自己也被浪头弹过去了。在龙门的那一边，水面平静，岸上还种着柳树和桃树，一棵隔一棵，粉红的桃花和碧绿的柳树叶子夹在一起，鲜艳无比，岸上还有漂亮的房屋和迎风飘动的红旗，小鲤鱼们都认为这地方比奶奶故事中的情景还美。

燕子要飞回家去，金色小鲤鱼说："燕姊姊，请你告诉我们的奶奶，说我们跳过龙门了，叫奶奶也到这儿来吧。"燕子点头说："好吧，我一定给捎到。不过这里不叫龙门，叫龙门水库。"小鲤鱼们说："都一样，反正这里是个最好的地方。"

宝贝，妈妈对你说 ----------------------

　　宝贝，故事中的小鲤鱼勇于追求自己的目标，并且带领着其他的
鱼儿一起勇往直前，最终凭着勇气、信心和智慧，跳过了龙门，过上
了它们想要的生活。妈妈也希望宝贝你能够像故事中的小鲤鱼那样，
勇敢地追求自己的梦想，哪怕逆流而上也不畏惧，哪怕被阻挡一千次
也要坚持下去，直到梦想实现的那天，那该有多高兴、多满足啊！

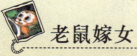

老鼠嫁女

很久很久以前，一对年迈的老鼠夫妇住在潮湿寒冷的洞穴里，眼看着自己如花似玉的女儿一天天长大。夫妻俩许诺，要为女儿找一个最好的婆家，让美丽的女儿从此摆脱这种不见天日的生活。

于是，老鼠夫妇出门寻亲。刚一出门，就看见天空中光芒四射的太阳。他们琢磨着："太阳是世间最强大的，任何黑暗鬼魅都惧怕太阳的光芒，女儿嫁给太阳，不就是嫁给了光明吗？"太阳听了老鼠夫妇的请求，皱着眉头说："可敬的老人们，我没有你们想象得那样强壮，乌云可以遮住我的光芒。"老鼠夫妇于是来到乌云那里，向乌云求亲。乌云苦笑着回答说："尽管我能遮挡太阳的光芒，但是只需要一丝微风，就可以让我'云消雾散'。"老鼠夫妇想了想，又找到了微风。微风笑道："我可以吹散乌云，但是只要一堵墙就可以把我制服！"老鼠夫妇又找到墙，墙看到他们，露出恐惧的神色："在这个世界上，我最怕你们老鼠，任凭再坚固的墙也抵挡不住老鼠打洞，从而最终崩塌。"老鼠夫妇面面相觑："看来还是咱们老鼠最有力量！"

老鼠夫妇商量着，我们老鼠又怕谁呢？对了！自古以来老鼠怕猫！于是，老鼠夫妇找到了花猫，坚持要将女儿嫁给花猫。花猫哈哈大笑，满口答应了下来。

在迎娶的那天，老鼠夫妇用最隆重的仪式送最美丽的女儿出嫁。意想不到的事情发生了，花猫从背后窜出，一口吃掉了自己的新娘。

宝贝，妈妈对你说

故事中的老鼠夫妇非常爱自己的女儿，可是却不切实际地要将女儿嫁给自己的天敌！他们只想着要给女儿找一个好的归宿，找一个强大的依靠，却忽略了女儿自身的幸福。你说，老鼠夫妇是不是太糊涂了呢！我亲爱的宝贝，等你长大以后也会结婚，爸爸妈妈希望你能找到一个真正适合自己的人，然后幸福平安地度过一生。

狼和小羊

　　从前，有只狼来到小溪边，看见一只小羊在喝水。

　　狼非常想吃小羊，就打起了坏主意，故意找碴儿对小羊说："你把我喝的水弄脏了！你安的什么心？" 小羊吃了一惊，温和地说道："我怎么会把您喝的水弄脏呢？您站在上游，水是从您那儿流到我这儿来的，并不是从我这儿流到您那儿去的呀！"

　　狼气坏了，又对小羊说："就算这样吧，你总是个坏家伙！我听说，去年你在背地里说我的坏话！"可怜的小羊喊道："啊，亲爱的狼先生，那是不可能的，去年我还没有生下来呢！"

　　狼失去了耐心，不想再与小羊争辩了，它龇着牙，逼近小羊，大声嚷道："你这个小坏蛋！说我坏话的不是你就是你爸爸，反正都一样。"说着一下子扑过去吃掉了小羊。

宝贝，妈妈对你说 -------------------

　　亲爱的宝贝，故事中的狼往往代表着现实生活中的坏人，坏人不仅凶残还很虚伪，他们做坏事还要找冠冕堂皇的借口，借口不成便很快露出凶残的本相。所以，宝贝在成长的过程中，要学会识别坏人的本领，不能相信他们的花言巧语，要想办法聪明地应对坏人，既能很好地保护自己，又能使坏人遭到应得的报应。

72

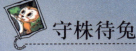
守株待兔

　　从前，有位农夫，他每天早上很早就到田里干活儿，一直到太阳下山才收拾农具回家。

　　有一天，农夫正在田里辛勤地耕种，突然远远跑来一只兔子，这只兔子跑得又急又快，一不小心撞在了稻田旁边的大树上，这一撞，撞断了兔子的颈部，兔子当场倒地死了。

　　一旁的农夫看到之后，急忙跑上前去，看到兔子已经死了，便开心地提起兔子，收拾农具回家了。农夫到家后就把兔子煮熟了，大吃了一顿。农夫一边品尝着鲜美的兔肉一边想："天底下既然有这么好的事，自己又何必每天辛苦地耕田呢？"

　　从此以后，农夫整天守在稻田的大树旁，希望能再等到不小心撞死的兔子。可是许多天过去了，他都没能等到撞死的兔子。而他的农田因为无人料理，长满了杂草，一天比一天荒芜。

宝贝，妈妈对你说

　　这是一则家喻户晓的寓言故事。兔子自己撞死在树上，这是生活中的偶然现象。而故事中的那个农夫却把它误认为是经常发生的必然现象，最后落得一无所获的下场。自己不勤勤恳恳地劳动，却只想靠碰运气过日子，是不会有好结果的。我的宝贝，希望你长大后能凭借自己辛勤的劳动和智慧，过上好日子！一定不要做这种"守株待兔"式的蠢人。

第2章
孕中期胎教法

孕中期胎儿的中枢神经系统已经分化完成，

胎儿的听力、视力开始迅速发育，

并逐渐对外界施加的刺激可做出相应的反应。

若我们借助胎儿神经系统飞速发展的阶段，

给予胎儿各感觉器官适时、适量的良性刺激，

就能促使其发育得更好。

讲给准妈妈的胎教详解

抚摸胎教

抚摸胎教是指有意识、有规律、有计划的抚摸，以刺激胎儿的感官。

医学研究表明，胎儿体内绝大部分细胞已具有接受信息的能力，并且通过触觉神经来感受体外的刺激，而且反应渐渐灵敏。父母可以通过适当地对胎儿进行爱抚和拍打等动作刺激，配合声音与子宫中的胎儿沟通信息。这样做可以使胎儿有一种安全感，又能激发胎儿运动的积极性；既能促进胎儿健康成长，又使孩子感到舒服和愉快。另外，通过对胎儿的抚摸，既沟通了母儿之间的信息，同时也交流了彼此的感情。在母腹中经常被父母抚摸做体操和游戏的足月儿，出生后翻身抓爬握坐的各种动作均较未进行过训练的要早，出生后肌肉活力较强。

孕妇每晚睡觉前进行抚摸胎教最好。首先排空膀胱，平卧床上，放松腹部，用双手由上至下，从右向左，轻轻地抚摩胎儿，就像在抚摩出生后的婴儿那样，每次持续5～10分钟。但应注意手活动要轻柔，切忌粗暴。

抚摸胎教可以锻炼胎宝宝皮肤的触觉，并通过触觉神经感受体外的刺激，从而促进了胎宝宝大脑细胞的发育，加快胎宝宝的智力发展。

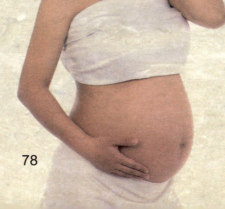

推动散步法

实施月份：怀孕6～7个月后，当准妈妈可以在腹部明显地触摸到胎儿的头、背和肢体时，就可以增加推动散步的练习。

具体做法：准妈妈平躺在床上，全身放松，轻轻地来回抚摸、按压、拍打腹部，同时也可用手轻轻地推动胎儿，让胎儿在宫内"散散步、做做操"。

来回抚摸法

实施月份：怀孕3个月以后可以进行一些来回抚摸的练习。

具体做法：准妈妈在腹部完全松弛的情况下，用手从上至下、从左至右，来回抚摸。心里可想象你双手真的爱抚在可爱的小宝宝身上，有一种喜悦和幸福感，深情地默想："小宝宝，妈妈真爱你"、"小宝宝真舒畅"等。

触压拍打法

实施月份：怀孕4个月以后，在抚摸的基础上可以进行轻轻地触压拍打练习。

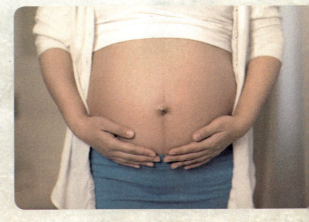

具体做法：准妈妈平卧，放松腹部，先用手在腹部从上至下、从左至右来回抚摸，并用手指轻轻按下再抬起，然后轻轻做一些按压和拍打动作，给胎儿以触觉刺激。一般坚持几个星期后胎儿会有所反应，如身体轻轻蠕动、手脚转动等。

孩子个个都喜欢抚摩、拥抱，也叫体肤接触，胎儿也是这样。按摩时，孕妇仰躺在床上，全身尽量放松，在腹部松弛的情况下来回抚摩胎儿，具体做法是用一个手指轻轻按一下再抬起。开始时，有的胎儿能立即做出反应，有的则要过一阵，甚至隔几天再做时才有反应。如果此时胎儿不高兴，他会用力挣脱或蹬腿反对，碰到这种情况，就应马上停止。过几天，胎儿对母亲的手法习惯了，母亲手一按压抚摩，胎儿就会主动迎去。到6~7个月，母亲已能分辨出胎儿的头和背，就可以轻轻推着胎儿在子宫中"散步"了。胎儿如果"发脾气"，用力顿足，或者"撒娇"，身体来回扭动时，母亲可以用爱抚的动作来安慰胎儿，而胎儿过一会儿也会以轻轻地蠕动来感谢母亲的关心的。这时，应配合轻松的乐曲。此外，还可以给5个月以后的胎儿光刺激，用手电筒贴紧肚皮一亮一灭照射，透过肚皮和子宫壁的微弱光亮，可使胎儿视觉获得一点信息，促使他眼球转动，并促进视觉神经发育。

生命的亲昵也应包括丈夫在内，做丈夫的可以用手抚扶妻子的腹部向宝宝细语，并告诉宝宝这是父亲在抚摩，并同妻子交换感受，这样能使父亲更早地与未见面的小宝宝建立联系，加深全家人的感情。

如果能够和着轻快的乐曲和胎儿交谈，与胎儿"玩耍"，效果会更好，可以帮助胎儿发育得更好。需要注意的是，给胎儿做体操应该定时，比较理想的时间是在胎动频繁时，但时间不可太晚，以免胎儿兴奋起来，手舞足蹈，使母亲久久不能入睡。每次的时间也不可过长，以5～10分钟为宜。但有早期宫缩者不宜用这种办法。

营养胎教

孕期饮食营养对胎儿是极其重要的，营养是胎儿发育的关键。母体供给胎儿生长所需要的物质由母亲血液经胎盘输送给胎儿，同时由胎盘将胎儿代谢产物及时送到母体排除。胎儿是一个有一定独立性的机体，其消耗能量全部来自母亲饮食。因此孕妇的营养对胎儿的生长有着举足轻重的意义。

营养胎教是指根据妊娠不同时期胎儿发育的特点，合理指导孕妇摄取食品中的营养素，以食补食疗的方法来防止孕期特有的疾病，让胎儿更健康的成长。

从胎儿的营养需要看，胎儿各种器官组织发育生长需要得到足够的蛋白质、核酸及其他辅助营养素，特别是脑细胞组织发育，尤其需要充足的蛋白质。如果能通过母亲的合理饮食，促进胎儿大脑细胞数量的增多与质量的提高，从而使胎儿出生后就具备发展智力的可能性，也能通过改善母亲饮食达到胎儿体、智同时得到发展的可能性。

孕期营养的重要性还表现在保证胎盘的正常发育。胎盘是胎儿自母体汲取营养、排除代谢产物的主要通路。胎盘组织不仅被动转运营养物质，还进行正常代谢和主动转运，充足的孕期营养是胎盘正常代谢和发挥功能的前提条件。

孕一月：血液循环开始、甲状腺组织、肾脏、眼睛、耳朵形成，四肢开始发展，脑部、脊髓、口腔、消化道形成，宜在均衡营养、均衡饮食的基础上补充钙、铁、铜、维生素A，主要包含在红绿色蔬菜、鱼、蛋、动物肝脏、内脏、鱼肝油中。

孕二月：脑神经出现，肌神经、基本骨架形成，宜增加脂肪、蛋白质、钙、维生素D的摄入；肌肉发育、口鼻腔发育、气管、支气管出现、肝脏制造红细胞，需要补充镁、钙、磷、铜、维生素A和维生素D，主要包含在蛋、牛奶、乳酪、鱼、黄绿色蔬菜、鱼肝油中；胃发育完成、视神经形成、性器官分化出来，宜补充维生素B_1和维生素B_2、维生素A，胚芽米、麦芽、米糠、酵母、牛奶、动物内脏、蛋黄、胡萝卜、豆中含量丰富；胎儿指头形成、唇部、耳朵形成，补充蛋白质、钙、铁、维生素A的摄入，宜增加饮食中的奶、蛋、肉、鱼、豆、黄绿色蔬菜。

孕三月：膀胱形成、手指甲、脚趾甲形成，宜补充维生素A、蛋白质、钙，增加动物肝脏、蛋、牛奶、乳酪、鱼、黄绿色蔬菜、红绿色蔬菜的摄入。肺部出现雏形、甲状腺分泌激素，补充维生素A，宜增加饮食物中的动物肝、蛋、牛奶、乳酪、黄绿色蔬菜。

孕四月至孕五月：皮肤菲薄、已有呼吸运动，宜补充钙、氟、蛋白质、硫，增加蛋、牛奶、海产、豆、鱼、红绿色蔬菜、骨制食品的摄入。

孕六月：眼睛完成，宜补充蛋白质、维生素A，增加饮食物中的动物肝、蛋类、牛奶、乳酪、黄绿色蔬菜和鱼。

孕七月至孕八月：神经系统、调节身体功能，需要补充钙、钾、钠、氯、维生素D、烟碱酸，增加蛋、肉、鱼、奶、绿叶蔬菜、糙米的摄入。

孕九月：皮脂腺活动旺盛，宜补充蛋白质、脂肪、糖，增加食物中的蛋、肉、鱼、奶、马铃薯、米饭、面条、玉米比例。

孕十月：双顶径大于9厘米、足底皮肤纹理，发育需要补充铁，增加摄入动物肝、蛋黄、牛奶、内脏、绿叶蔬菜、豆类。

光照胎教

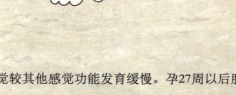

光照胎教法是通过外界的光照对胎儿进行刺激，训练胎儿视觉功能，帮助胎儿形成昼夜周期节律的胎教法。光照胎教法也是环境胎教的一个重要方面。

胎儿的视觉较其他感觉功能发育缓慢。孕27周以后胎儿的大脑才能感知外界的视觉刺激；孕30周以前，胎儿还不能凝视光源，直到孕36周，胎儿对光照刺激才能产生应答反应。

因此，从孕24周开始，可以每天用手电筒（弱光）作为光源紧贴孕妇腹壁照射胎头部位，每次持续5分钟左右。结束时，可以反复关闭、开启手电筒数次。胎教实施中，孕妇应注意把自身的感受详细地记录下来，如胎动的变化是增加还是减少，是大动还是小动，是肢体动还是躯体动。通过一段时间的训练和记录，孕妇可以总结一下胎儿对刺激是否建立起特定的反应或规律。不要在胎儿睡眠时施行胎教，这样会影响胎儿正常的生理周期，必须在有胎动的时候进行胎教。光照时可以配合对话，综合的良性刺激可能对胎儿更有益。

最后指出一点，绝对不能认为只要进行了胎教，宝宝就一定会成为神童。胎教只是将人生教育提早到胎儿期，而且只是通过开发胎儿感觉功能的潜力，为出生后早期教育奠定下良好基础，是人类的早期教育。

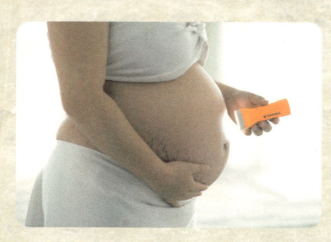

意念胎教

　　因为爱在意念胎教中起重要的作用。准妈妈在进行意念胎教的时候，首先要对胎儿充满爱心。胎儿在爱的环境中，才会产生安全感，积极地配合。

　　如果准妈妈想要让胎儿知道玫瑰是什么样子的，就可以轻轻地闭上眼睛，先在脑中想象一下胎儿的形象，接着在脑中想象玫瑰花的颜色、形状，闻一闻玫瑰花那沁人心脾的花香，同时嘴里说："这就是玫瑰花。"

　　准妈妈在平时做家务的时候，也可以想着培养宝宝勤劳的品质，大脑里想着胎儿，将自己的动作在脑子里像放电影一样过一遍，同时给胎儿说："胎儿以后要做个勤劳的人。"

　　准妈妈先闭上眼睛，借助想象力，将美好的愿望传递给宝宝，心里可以想：我的宝宝拥有一颗善良的心灵、一张帅气或者漂亮的脸庞、会长成一米七八的个头，忽闪着一双聪慧有神的大眼睛，是个出类拔萃的佼佼者……尽可能地想象所有积极、健康、美好的因素，然后提笔在这里画上小宝宝的可爱模样。准妈妈不要害怕自己画得不好，只要用心画就会是宝宝最喜欢的一幅画。准爸妈们可以在胎教中运用意念胎教，在胎儿的潜意识里播下健康的知识，准爸妈们这种美好的设想可以让胎儿健康发育。

　　运用意念走神是一种常见的现象，这时准妈妈不要急躁，更不要强迫自己集中注意力。一发觉自己走神了，就先对胎儿讲一声，"对不起，妈妈开小差了，宝宝不要学妈妈，要学会集中注意力。"然后，不慌不忙，有意无意地将意念收回来。

　　意念胎教是指准妈妈充分地利用自己的想象力来有意识引导胎儿。

准妈妈的艺术欣赏

《干草车》

    这幅《干草车》是康斯太勃尔描绘田园风光的代表作品。以他的绚丽而浑厚的色彩，抒情诗般的笔触色调和真实的描绘令人陶醉。画面描绘了一辆运干草的马车，涉过一条潺潺的浅溪，往葱郁的森林深处的田野走去。翠绿的草地上，古树树叶沾满露珠，闪烁着白色的反光。溪边的农舍，亲切朴素淳朴的农妇在溪边洗衣，小狗对着涉水过溪的干草车狂吠。这一切是如此自然、清新、真实，充满爱与美感，没有一点矫揉造作。

[英国] 康斯太布尔

《日出·印象》

为了要画阳光在水面闪烁和树叶颤动，印象派画家们采用新画法，甚至将纯粹颜色不加调和的直接绘在画布上，看画的人必须站得远远的，透过看画人的眼睛才把色彩混合成形象。

画家所描绘的是勒阿弗尔港口一个多雾的早晨的港口。海水在旭日的照射下呈现出橙黄色和淡紫色，天空微红，水的波浪由厚薄、长短不一的笔触组成，三只小船在雾气中模糊不清，船上的人或物依稀可辨，船在摇曳中缓慢前进，远处是工厂的烟筒、大船上的吊车。经过晨雾折射过的港口构成了一个整体上灰绿色的世界，这个世界是真实的，又是幻觉的，它每时每刻随着太阳光而变化着，画家运用神奇的画笔将这瞬间的印象永驻在画布上，使它成为永恒。

〔法国〕克劳德·莫奈

《小淘气》

　　《小淘气》画面表现的是妈妈将孩子从栏杆上抱下来的一瞬间。孩子粉红的脸庞（在周围墨绿的浓荫中，这抹粉红让整个画面显得极其生动）正对着画面，像天使一般美丽；母亲把脸庞侧面留给观赏者，留下巨大的想象空间。母亲与孩子对视的那一瞬间，正是心灵的无声交流。尤其值得揣摩的是画面的背景。正是这浓密的绿荫，让母子与外面世界隔离开来，形成一个相对封闭的空间。这个空间，在这一时刻，只属于充溢着温情的母女俩……

［法国］阿道夫·威廉·布格罗

《抱鹅的少年》

雕像描写的是一个天真活泼的小孩和一只大鹅一起嬉戏的情景。儿童形象的刻画十分有趣，他使劲想把往前走的鹅扳回来，而这只鹅则直蹬着叉开的双腿，张开嘴来拼命与小孩抗衡。

《抱鹅的少年》这件作品出自希腊哈尔基顿的雕刻家波厄多斯之手，原作是青铜，留存至今的这件是复制品。波厄多斯擅长风俗题材雕塑，成为当时专门雕刻儿童形象而闻名的艺术家。波厄多斯生活在公元前3世纪，正是希腊化风俗性雕塑发展的时代，几乎触及生活的各方面，从超凡脱俗的神性，开始表达最普遍的人性。特别重视真实地塑造人物形象，注重人的内在精神表现。从这个天真活泼的幼儿抱着有生命的鹅可见雕刻家对生活和人的理解，这是一组活灵活现的儿童生活雕像。

〔希腊〕波厄多斯

《洗澡》

　　这幅画外形明确，由强烈的轮廓线划分出间隔。在这幅作品中，画家将孩子与母亲的身子和手臂拉得很长，让其在画面上伸展开来。画面运用俯瞰的方法，使背景色彩的分布划分为上下两部分，通过母亲的条纹服装将花纹墙纸的赭色与地面地毯图案的红棕色衔接起来，使色调在表现情绪中融为一体。这些丰富图案使孩子身体的朴素色彩得到强调。画家运用这种形式、色彩刻画母女之爱，特别是着力于刻画女孩的可爱、母亲亲昵的动作，从而加深对母爱主题的烘托。

　　画中的两个人物由她们的姿势动作而互相联系；母亲的右手握着小女孩右脚，她们的左手又在膝上碰到一起。下面那只大水壶稳住了构图，并起到焦点的作用。

[美国] 玛丽·卡萨特

《睡莲》

　　莫奈是法国印象派的大师。1903～1908年，莫奈以睡莲为题材，画了48幅画，莫奈本人把这些画取名为《睡莲·水景系列》。创作的最后一年，莫奈一只眼睛已经半瞎，但他没有理会这一切。

　　此时他正沉浸在自己的花园中。在画中，莫奈对光线的处理，进行了各种尝试。所有的睡莲都被"一条条长长的光束从上到下垂直穿过"。这里推荐准妈妈欣赏《睡莲·晚间效果》，画这幅画时莫奈已迈入艺术的鼎盛期。在鲜黄、橘黄和朱砂色彩的烘托下，像是一团燃烧着的火。

　　旋风般强劲的笔触增加了火焰在睡莲之间扭曲上升的感觉，呈现出一片视觉的梦幻世界。

　　〔法国〕克劳德·莫奈

《松林的早晨》

　　在松林的早晨，金色的阳光透过朝雾射向林间，清新潮湿的空气浸润着密林，巍然挺拔的松树枝叶繁茂，生机勃勃，表现了大自然无限的生机。在这大自然的怀抱中，你仿佛可以尽情地呼吸这甘美新鲜的空气，你几乎能兴奋地叫出声来，聆听自己那激荡于林间的回声。

　　在这安谧寂静的环境中，几只活泼可爱的小熊在母熊的带领下，来到林中嬉戏玩耍，它们攀援在一根折断的树干上，相互引逗，似乎在练习独立生活的本领。这一生动细节的描绘，使整个画面产生了动静结合的艺术效果，同时，也增强了观者身临其境的真实感。

[俄国] 伊凡·伊凡诺维奇·希施金

《农民的婚礼》

　　对于婚礼来说，新娘和新郎是主角。在这幅画中，墙上的一席绿色帘布让我们发现了这场婚宴的主角——新娘。新娘满意地坐在一个纸糊的花冠下方，头上也戴了"宝冠"。即使坐在后排，也让人们一眼辨认出她的特殊身份。新娘幸福地闭着眼睛，双手交叠在一起，似乎脱离了喧闹的环境，独自陶醉在对婚姻的冥想和期待里。红扑扑的脸蛋并不漂亮，可是自有幸福的笑容挂在嘴角上。

〔荷兰〕彼得·勃鲁盖尔

准妈妈学画简笔画

小鱼

　　小鱼的身体是三角形的，注意上下的比例长度。

[工具小提示]

白纸

画笔

制作「步骤」

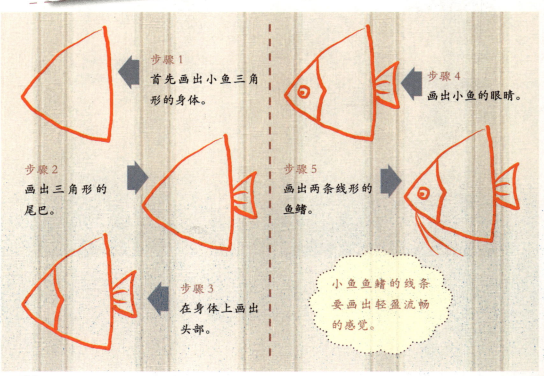

步骤1
首先画出小鱼三角形的身体。

步骤2
画出三角形的尾巴。

步骤3
在身体上画出头部。

步骤4
画出小鱼的眼睛。

步骤5
画出两条线形的鱼鳍。

小鱼鱼鳍的线条要画出轻盈流畅的感觉。

94

螃蟹

大大的钳子和眼睛能更好体现出螃蟹的形态，可以适当的将其夸大。

[工具小提示]

白纸

画笔

圆形模具

制作「步骤」

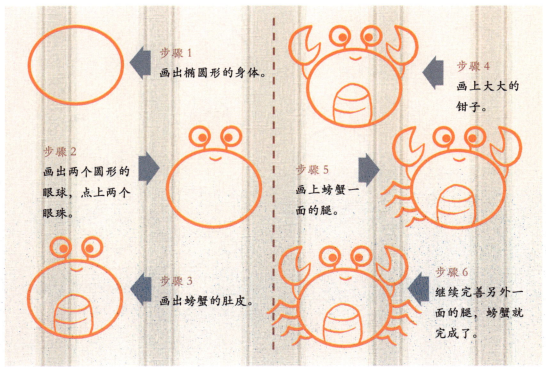

步骤1
画出椭圆形的身体。

步骤2
画出两个圆形的眼球，点上两个眼珠。

步骤3
画出螃蟹的肚皮。

步骤4
画上大大的钳子。

步骤5
画上螃蟹一面的腿。

步骤6
继续完善另外一面的腿，螃蟹就完成了。

章鱼

　　章鱼一共有8条腿，大家在画的时候一定要仔细观察。

[工具小提示]

白纸

画笔

圆形模具

制作「步骤」

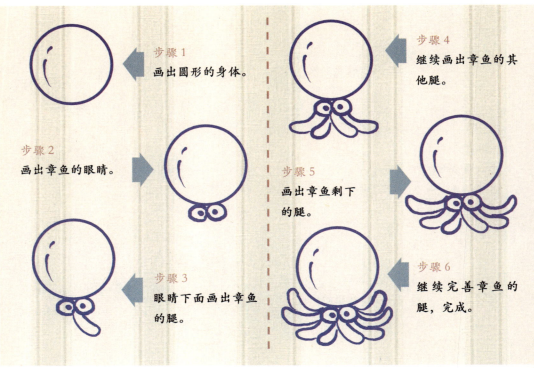

步骤 1
画出圆形的身体。

步骤 2
画出章鱼的眼睛。

步骤 3
眼睛下面画出章鱼的腿。

步骤 4
继续画出章鱼的其他腿。

步骤 5
画出章鱼剩下的腿。

步骤 6
继续完善章鱼的腿，完成。

鸭子

在画鸭子的时候，身体的姿态是重中之重，画线要一气呵成，这样线条会更加流畅。

[工具小提示]

白纸

画笔

制作「步骤」

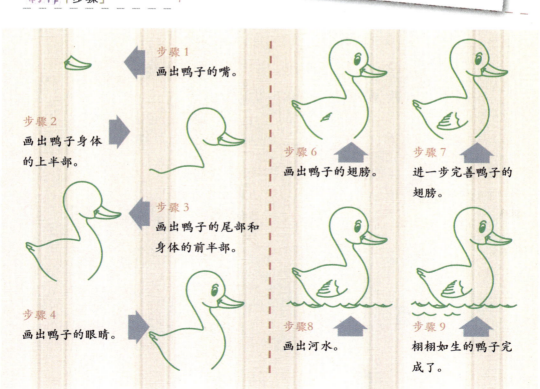

步骤1
画出鸭子的嘴。

步骤2
画出鸭子身体的上半部。

步骤3
画出鸭子的尾部和身体的前半部。

步骤4
画出鸭子的眼睛。

步骤6
画出鸭子的翅膀。

步骤7
进一步完善鸭子的翅膀。

步骤8
画出河水。

步骤9
栩栩如生的鸭子完成了。

母鸡

　　画母鸡身体的时候一定要画得圆圆的，这样母鸡才会更可爱哦。

[工具小提示]
白纸
画笔
圆形模具

制作「步骤」

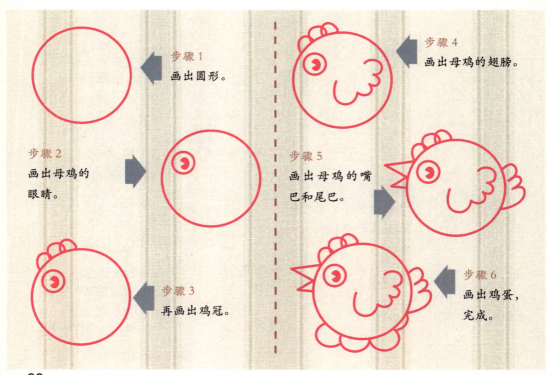

步骤1
画出圆形。

步骤2
画出母鸡的眼睛。

步骤3
再画出鸡冠。

步骤4
画出母鸡的翅膀。

步骤5
画出母鸡的嘴巴和尾巴。

步骤6
画出鸡蛋，完成。

毛驴

画毛驴的时候要注意毛驴身体的比例和线条。

[工具小提示]

白纸

画笔

制作「步骤」

步骤 1
画出毛驴的头部。

步骤 2
画上毛驴的耳朵。

步骤 3
画出毛驴的眼睛和嘴巴。

步骤 4
画出毛驴的身体和腿。

步骤 5
画出毛驴的尾巴。

步骤 6
画出鬃毛，完成。

准妈妈的手工折纸

桌子

要点：在折叠桌子的时候要
选择相对较硬的纸张，这样
可以使桌子立起来。

[工具小提示]

正方形彩色纸

裁刀

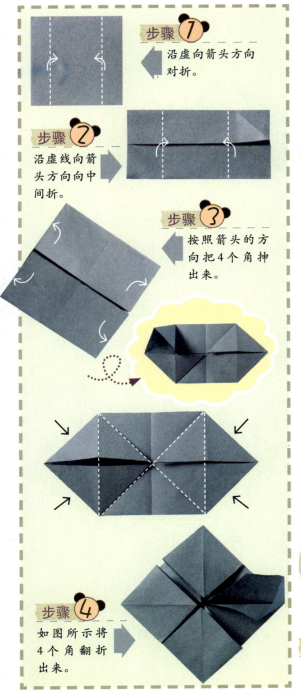

步骤 ① 沿虚向箭头方向对折。

步骤 ② 沿虚线向箭头方向向中间折。

步骤 ③ 按照箭头的方向把4个角抻出来。

步骤 ④ 如图所示将4个角翻折出来。

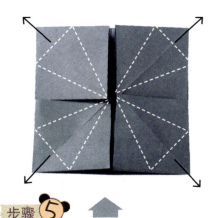

步骤 ⑤ 沿虚线把4个角抻出后再折。

步骤 ⑥ 沿虚线将4条腿折细。

步骤 ⑦ 将4条桌子腿向下折叠，完成。

汽艇

要点： 汽艇要注意折叠中的每一个细节的处理，尤其是步骤8的操作方法最重要。

[工具小提示]

正方形彩色纸

裁刀

制作「步骤」

步骤①
取一张正方形纸,沿虚线向箭头方向折。

步骤②
沿虚线向箭头方向折。

步骤③
将两次折后的中间部分折起。两个角向后对折。

步骤④
沿虚线部分将两个角向内折。

步骤⑤
沿虚线向箭头方向折。

步骤⑥
两侧都沿虚线向箭头方向折。

步骤⑦
将折起的纸角插入上面的纸缝里。

步骤⑧
完成。

桃子

要点：桃子完成后的效果是非常好看的，最后一步将其撑起的动作要非常小心，以免将其损坏。

[工具小提示]

剪刀

裁刀

彩色纸

制作「步骤」

步骤 **1**
准备一张正方形纸，
折成双三角形。

步骤 **2**
沿虚线向箭头
方向折。

步骤 **3**
背面也一样，
沿虚线向箭头
方向折。

步骤 **4**
沿虚线向箭头
方向折。

步骤 **5**
背面也一样，
同步骤4。

步骤 **6**
沿虚线向箭头
方向折，背面
也一样。

步骤 **7**
将底部撑开。

步骤 **8**
用彩色笔将桃
子涂上颜色更
好看。

105

蘑菇

要点：在折叠蘑菇的过程中要注意步骤5，最后还要画出蘑菇的斑点。

[工具小提示]

正方形彩色纸

画笔

制作「步骤」

步骤 ① 准备一张正方形纸，沿虚线向箭头方向折。

步骤 ② 沿虚线向箭头方向折。

步骤 ③ 两角向后折。

步骤 ④ 翻过来，将里层的两角向中心折。

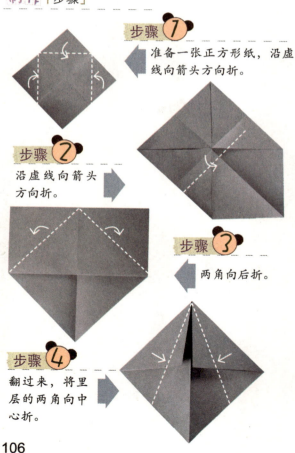

步骤 ⑤ 将上下两角向箭头方向折。

步骤 ⑥ 画上蘑菇的斑点，完成。

106

鲤鱼

要点：鲤鱼的制作相对会简
单一些，只要按照每步的提
示就可以很好地完成。

[工具小提示]
剪刀
裁刀
彩色纸
画笔

制作「步骤」

步骤 ①
准备一张正方形
纸，沿虚线向箭头
方向折叠。

步骤 ②
沿虚线向箭头方
向折叠。

步骤 ③
折出双菱形后，再
沿虚线向后折。

步骤 ④
向后对角折。

步骤 ⑤
前后沿虚线朝箭
头方向折，再压
折尾部。

步骤 ⑥
画上眼睛、鱼鳞和
嘴，完成。

瓢虫

要点：瓢虫折叠中最关键的部位就是头部的折叠方法，因为在折叠中头部会比较厚，不容易折叠，需要把之前的步骤压实，方便后面的制作。

[工具小提示]

正方形彩色纸

画笔

步骤 ①

准备一张正方形纸，沿虚线折叠后4个角向中间折。

步骤 ②

先折出双正方形，然后再把下面两层向上对角折。

步骤 ③

沿虚线向箭头方向往下折。

步骤 ④

再沿虚线向箭头方向往下折。

步骤 ⑤

沿虚线按箭头方向，将两角向后折。

步骤 ⑥

用剪刀将下面深色区域减掉。

步骤 ⑦

画上眼睛和斑点，完成。

螃蟹

要点：折叠过程中最难的部位就是步骤6，一定要注意螃蟹前后腿的位置。

[工具小提示]

剪刀

裁刀

彩色纸

制作「步骤」

步骤 1
沿虚线向箭头方向将正方形折成长方形。

步骤 2
沿虚线向箭头方向对折。

步骤 3
折成双三角形，再将下面两角沿虚线向箭头方向折。

步骤 4
翻转到背面，沿虚线向箭头方向折叠。

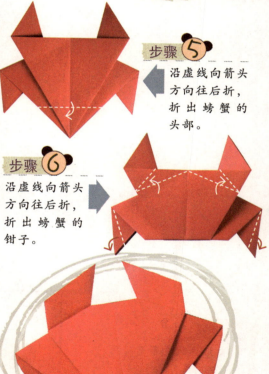
步骤 5
沿虚线向箭头方向往后折，折出螃蟹的头部。

步骤 6
沿虚线向箭头方向往后折，折出螃蟹的钳子。

步骤 7
完成。

百合花

要点： 百合花最关键的是最后一步，将花瓣用圆珠笔卷起，漂亮的百合花就完成了。

[工具小提示]

正方形彩色纸

画笔

圆珠笔

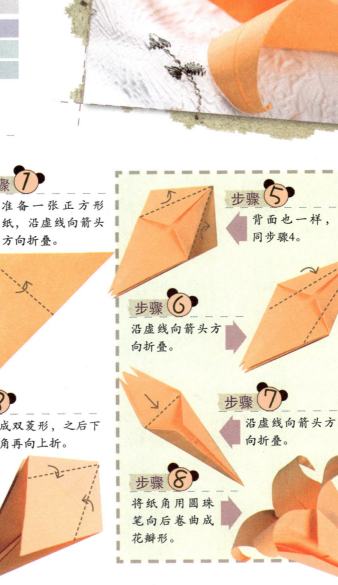

制作「步骤」

步骤 ①
准备一张正方形纸，沿虚线向箭头方向折叠。

步骤 ②
沿虚线向箭头方向折叠，折成双菱形。

步骤 ③
先折成双菱形，之后下面两角再向上折。

步骤 ④
两侧沿虚线向中心折。

步骤 ⑤
背面也一样，同步骤4。

步骤 ⑥
沿虚线向箭头方向折叠。

步骤 ⑦
沿虚线向箭头方向折叠。

步骤 ⑧
将纸角用圆珠笔向后卷曲成花瓣形。

念给胎宝宝的睡前故事

 两个小鞋匠

从前有个鞋匠，生意上从来没出过什么差错，日子却过得越来越穷，后来穷到连做鞋子的材料也没有了，只剩下了一张皮子。他把这张皮子裁剪好，发现刚刚够做一双鞋子，然后他就上床休息了。

第二天一大早，他洗漱完毕，走到工作台前正准备做鞋，却惊奇地发现，鞋已经做好了，这到底是怎么一回事？他拿起鞋子仔细查看，活儿做得一丝不苟，没有哪一针缝得马虎。事实上，这双鞋是令鞋匠都感到骄傲的杰作。

过了一小会儿，一位顾客走了进来。他一见到这双鞋子就爱不释手，花了高价钱买下了这双鞋。这样一来，鞋匠就有了足够的钱去买可做四双鞋子的皮子。第二天清早，鞋匠发现四双鞋子已经做好了。于是，就这样日复一日，他前一天晚上裁剪好的皮料，次日一早就变成了缝制好的鞋子。不久，鞋匠就成了一个有钱的人。

圣诞节前几天的一个晚上，鞋匠在上床睡觉前对妻子说："咱们今天晚上熬个通宵，看看到底是谁这样帮助我们，好不好？"妻子欣然同意，并点燃了一根蜡烛。随后他们俩便藏在衣橱里面，注意着周围的动静。午夜一到，只见两个光着身子的小人儿走了进来，坐在鞋匠工作台前。他们刚一坐下，就拿起裁剪好的皮料，用他们纤细的手指开始做鞋，又是锥、又是缝，还不时地敲敲打打。鞋匠目不转睛地看着他们，对他们的工作赞赏不已。他们做好了鞋子，又把东西整理得井井有条，然后才急急忙忙地离去。

第二天早上，鞋匠的妻子对他说："是这两个小人儿使咱们发了财，咱们得好好感谢他们才是。他们半夜里光着身子来来去去，一定会着凉的。我打算给他们每人做一件小衬衫、一件小背心和一条小裤子，再给他们每人织一双小袜子；你呢，给他们每人做一双小鞋。"鞋匠很赞成这个主意。到了晚上，给两个小人儿的礼物全都做好了，他们把礼物放在工作台上，没有再放裁剪好的皮料。然后他们自己又躲藏起来，想看看两个小人儿会说些什么。

午夜时分，两个小人儿蹦蹦跳跳地跑了进来，准备开始干活儿。可他们怎么也找不到裁剪好的皮料，却发现了两套漂亮的小衣服，他们喜形于色，高兴得手舞足蹈。两个小人儿飞快地穿上衣服，接着唱了起来："咱们穿得体面又漂亮，何必还要当个皮鞋匠！"他们俩在椅子和工作台上又蹦又跳，最后蹦跳着离开了房间。从此，两个小人儿再没有来过，而鞋匠也一直过着富足的日子，事事称心如意。

宝贝，妈妈对你说 --------------------

两个可爱的小精灵在鞋匠最困难的时候从天而降，帮助鞋匠夫妇渐渐富了起来……虽然故事的最后，两个可爱的小家伙不见了，可是他们让鞋匠的日子走进良性循环，使鞋匠夫妇一辈子过着幸福的生活。我的宝贝，这神秘的故事让人感觉由衷的快乐，淳朴的人、善良的心总会获得祝福和帮助，这是我们一生都要坚守的信念！

狐狸和葡萄

夏天来了，熊伯伯开的水果店里挤满了动物，大家都来买水果解暑。

一只小狐狸也来到了水果店，它挤了半天才挤了进去。挤进去后的小狐狸大喊："熊伯伯，我要买葡萄。"但是熊伯伯回答说："不好意思，店里的葡萄已经卖完了！"小狐狸只好垂头丧气地走出了水果店。

小狐狸走在回家的路上，它边走边想："怎么办？妈妈还等我买葡萄回去呢！"突然，小狐狸停下脚步，它看到长颈鹿大婶家的后院种满了葡萄树，藤架上的葡萄一串串向下垂着。"哇，要是把这些大串的葡萄带回家，而且又不用花钱，妈妈一定要夸奖我了。"于是，小狐狸偷偷地从长颈鹿大婶家的后门溜了进去。

小狐狸伸出手去摘葡萄，可藤架太高了，小狐狸根本够不着。"怎么办？"小狐狸四处看了看，它发现了几只水桶。于是，小狐狸就把其中的三只水桶摞了起来，它想站在水桶上摘葡萄。可是问题又来了，这么高的桶，该怎样上去呢？小狐狸想："让我站远点，跳上去吧！"一、二、三，跳！小狐狸试了好几次，终于跳上去了，当它正要伸手去摘葡萄时，却听见一阵脚步声。"是谁在外面啊？"原来是长颈鹿大婶回来了。小狐狸吓得从水桶上摔了下来，连滚带爬地从后门逃走了。

小狐狸跑了很久，确定没人追上来才停下。它越想越气："吃不到葡萄，还把腿给摔了，真倒霉，回去该怎么跟妈妈说呢？"小狐狸发愁了。

"对了！我就跟妈妈说，葡萄是酸的，所以才没带葡萄回来给你吃。"这样想着，小狐狸一瘸一拐地回家去了。

 ### 宝贝，妈妈对你说

小狐狸犯了两个错误：第一，它不应该在没有得到主人允许的情况下偷东西；第二，它明明是因为能力不足，没有得到葡萄，却偏偏说因为葡萄酸才没带回家来。亲爱的宝贝，你说，如果你是小狐狸，你会怎么做呢？你的行为会获得妈妈的赞许吗？

贪心的樵夫

一天，一个贫穷的樵夫不小心把斧头掉到水里去了，他着急地大哭起来。

哭声惊动了老神仙，老神仙拿出一把金斧头和一把银斧头，问哪一把斧头是他的。樵夫摇摇头说："我的斧头不是这样的。"最后老神仙拿出一把铁斧头，樵夫说："这把就是我丢的斧头。"老神仙见樵夫这么诚实，便把金斧头和银斧头都送给了他。

一个贪心的樵夫听说了这件事，便把准备好的铁斧头扔进水里，坐在水边放声大哭。

老神仙出现了，同样拿出一把金斧头和一把银斧头，问哪一把是他的。贪心的樵夫毫不犹豫地说："我丢的就是这两把斧头。"说着，拿着金斧头和银斧头掉头便走。

贪心的樵夫边走边做美梦，结果一不小心掉进了水里，淹死了。

宝贝，妈妈对你说 --------------------

宝贝，贪心的樵夫这则故事告诫我们，如果一个人太贪心，就会损失惨重，甚至还会搭上自己的性命。而勤劳、诚实的人呢，总会过上好日子。我的宝贝，你长大后一定要做个勤劳、诚实的人，不要像贪心的樵夫一样，只想着不劳而获，事实上，天底下是不存在免费的午餐的。

聪明的小牧童

从前有个小牧童，十分聪明，无论别人问什么，他都能给出个聪明的答案。

国王听说了，不相信他有这么厉害，便把小牧童召进了王宫。国王对他说："如果你能回答我三个问题，我就认你做我的儿子，让你和我一起住在王宫里。"小牧童问："是什么问题呢？"

国王说："第一个是：大海里有多少滴水？"小牧童回答："尊敬的陛下，请你下令把世界上所有的河流都堵起来，不让一滴水流进大海，一直等我数完才放水，我将告诉你大海里有多少滴水。"

国王又说："第二个问题是：天上有多少颗星星？"小牧童回答："给我一张大白纸。"于是他用笔在上面戳了许多细点，细得几乎看不出来，更无法数清。任何人要盯着看，都会眼花缭乱。随后小牧童说："天上的星星跟我这纸上的点儿一样多，请数数吧。"但无人能数得清。

国王只好又问："第三个问题是：永恒有多少秒钟？"小牧童回答："在波美拉尼亚有座钻石山，这座山有三千米高，三千米宽，三千米深；每隔一百年有一只鸟飞来，用它的嘴来啄山，等整个山都被啄掉时，永恒的第一秒就结束了。"

国王说："你像智者一样解答了我的三个问题，从今以后，你可以住在宫中了，我会像待亲生儿子一样来待你的。"

宝贝，妈妈对你说

故事中，小牧童对于国王提出的问题，从不同角度做出了机智的回答。我亲爱的宝贝，这个小故事告诉我们，思考问题时，要是实在想不出来，就不要硬钻牛角尖；如果换一个角度，换一种思路，再难的问题也会迎刃而解。

 # 狐狸请客

从前有一只狐狸，十分狡猾。

有一天，狐狸邀请仙鹤到家中吃晚饭，然而，狐狸并没有真心真意地准备什么饭菜来款待客人，仅仅用豆子做了一点汤，又故意把汤盛在一个很平很平的盘子中。仙鹤的嘴又细又长，每喝一口汤，汤便从它的长嘴中流出来，怎么也吃不到。仙鹤十分气恼，觉得自己被戏弄了，狐狸却十分开心。

第二天，仙鹤决定报复一下狐狸，于是回请狐狸吃晚饭。它同样做了一些狐狸爱喝的汤，并把汤盛在一只长颈小口的瓶子里。晚餐开始了，仙鹤很容易地把头颈伸进去，悠闲地品尝着美味，而狐狸却一口都尝不到，害得它口水直流。

狐狸受到了仙鹤的报复，鼻子都气歪了。但由于自己戏弄仙鹤在先，没办法，只好灰溜溜地回家去了。

宝贝，妈妈对你说

这是个有趣的小故事，这个故事告诉我们两个道理：一是狐狸对待朋友缺乏诚意、恶有恶报；二是仙鹤很聪明，懂得以其人之道，还治其人之身。我的宝贝，我们做人不可以像狐狸那样虚情假意，一定要真心真意地对待朋友，把好东西留给朋友，因为，朋友是你一生中最大的财富。

乌鸦与狐狸

从前，有一只乌鸦偷到了一块肉，它将肉衔在嘴里，得意地站在大树上。

有一只狐狸从这里经过，它看到乌鸦嘴里的肉，馋得口水直流，很想把肉弄到手。

于是，狐狸便站在大树下，开始夸奖起乌鸦来。"乌鸦呀乌鸦，你的身材是如此的魁梧，羽毛是如此的美丽，你若能发出优美的声音，那就是当之无愧的鸟类之王了！"

乌鸦听了非常高兴，它一下子忘记了衔在嘴里的肉，为了显示自己能发出优美的声音，便张嘴放声大叫，而那块肉立刻掉到了树下。

狐狸跑上去，抢到了那块肉，并嘲笑说："喂！乌鸦，你若有头脑，真的可以当鸟类之王了！"

宝贝，妈妈对你说

亲爱的宝贝，这是个古老而经典的小故事。我们当然有足够的理由来谴责故事中狡猾的狐狸，但是，看似无辜的乌鸦并不值得我们同情，因为它并没有正确地认识自己，轻易地被别人的甜言蜜语所蒙蔽，而没能识别对方夸赞的真实意图。正是因为它头脑的不清醒，才使得本属于它的东西被旁人掠走。

运盐的驴子

从前有一头驴子，它为主人驮了一袋盐过河。走着走着，突然脚下一滑，跌倒在河水中，盐一遇水开始溶化了，分量也变轻了。当驴子站起来时觉得盐袋没那么重了，它很高兴。

后来，驴子为主人驮了一捆海绵过河。驴子心想，上次驮盐的时候那么重，跌入水中后便轻松了许多，这次的海绵这么轻，如果再跌入水中，站起来时也一定会更轻松。

于是，刚走了没几步，驴子便故意地摔了下去，它没想到海绵是吸水的，结果吸满了水的海绵越来越重，驴子再也站不起来，终于淹死在河里了。

宝贝，妈妈对你说 -------------------

亲爱的宝贝，故事中的这头驴子自以为很聪明，但是它并没有对物态变化进行分析，同时还想投机取巧，结果反而自己害了自己。我的宝贝，我们遇到问题时，首先不能抱着投机取巧的心态，再就是要讲求方法，正确地去分析事物发展的态势。只有这样，才有可能把事情做好，才会让事态按照自己的意愿发展。

掩耳盗铃

从前，有一个人很愚蠢又很自私，他还有一个爱占便宜的坏毛病。

有一次，他看中了一家大门上挂的铃铛。这只铃铛外表十分好看，声音也很响亮。他想："怎样才能把铃铛弄到手呢？"他知道，只要用手去碰这个铃铛，就会发出"丁零丁零"的响声。有了响声，就会被人发现，那就得不到铃铛了。该怎么办呢？

他突然想出了一个办法。他认为，铃铛一响，耳朵就会听见了，如果把自己的耳朵掩住，不是就听不见了吗？于是，他自作聪明地采用这个方法去偷铃铛。

他一手掩住耳朵，一手去摘这只铃铛。谁知他刚碰到铃铛，铃铛就响了，这家主人发现后，就把他抓住了。因为别人的耳朵并没有被掩住，仍然能够听到铃铛的响声。

宝贝，妈妈对你说 ----------------------

宝贝，这是一则古老的成语故事。故事中偷铃铛的人十分愚蠢，他不仅偷盗，而且还自己欺骗自己，把明明是掩盖不住的事实，妄想要掩盖住。我的宝贝，现实中有些人就是这样，他明明知道自己的行为是不对的，却还要去做，做了以后当然也不想让别人知道，于是便不断地伪装，直到事情最终败露的一天，他再怎么后悔也来不及了。

 猫头鹰

　　两三百年前，人们还不认识猫头鹰这种动物。有一天，一只猫头鹰在黑夜中不幸误入了一户人家的谷仓里。天亮时，因为害怕别的鸟儿瞧见，会发出可怕的叫声，它不敢冒险出来。

　　早上，一个仆人到谷仓来取干草，看见了墙角的猫头鹰，他大吃一惊，撒腿就跑，并报告主人说他在谷仓里看见了一个平生从未见过的怪物，眼睛溜溜直转，毫不费力就能吞下一个活人。"是吗？我倒要亲眼看看它是何方怪物。"主人说着，大胆地走进了谷仓，四下寻望。当他瞧见了这古怪可怕的动物时，吓得绝不亚于那仆人，"嗖"地一下就跳出了谷仓，跑到邻居家，求他们帮忙对付这不认识的危险野兽，说一旦它冲出来，全城人都会有危险。大街小巷一下子沸腾起来了，只见人们拿着镰刀、斧头、草叉和矛，如大敌将至一般。人们在广场上集合后，便浩浩荡荡地向谷仓进发，把谷仓围得水泄不通。这时有个勇敢的人走上来，漫不经心地拿着矛进去了，接着只听一声尖叫，他没命地跑了出来，变得面无血色，语无伦次。另外两个人又冒险进去了，但也好不到哪儿去。最后有一个人站了出来，他可是一位骁勇善战的壮汉，他命人拿过盔甲、剑和矛，全身披挂。谷仓的两扇大门打开了，他看见了正蹲在一根大梁中部的那只猫头鹰，勇士命人拿来梯子，当他立起梯子准备爬上去时，人们都对他大叫，要他更勇敢些。他到达了顶部，猫头鹰看出他要去打它，加之这群人的喧叫，又不知如何逃生，不由双翅乱拍，粗着嗓子大叫起来："嘟咿！嘟呜！"勇士吓得发起抖来，最后终于败下阵来。

　　这下再也没有人敢去冒这个险了。人们说："那个怪物只要一张口发声和呼气，连我们最勇敢的人都中了毒，几乎要丢了性命，难道我们其余的人还要拿自己的生命去冒险吗？"最后，全城的人一致同意点火将谷仓烧掉，连同这可怕的野兽一起烧死。当看到那只猫头鹰与谷仓一起化为灰烬时，大家这才放下心来。

宝贝，妈妈对你说 --------------------

　　这是个有趣的故事。故事中全村人都惧怕猫头鹰的心态十分可笑。也许我们会感慨那时的人多么愚昧无知，但是，我的宝贝，当人们在遇到新的问题或现象时，都会感到惧怕而不敢向前。这个故事告诉我们，遇到新的事物或者陌生的环境时，要冷静分析，做出正确的判断，否则就会造成既可悲又可笑的结果。

画蛇添足

　　古时候，有一家人，祭完祖宗之后，准备将祭祀用的一壶酒赏给下人喝。但是人多酒少，这壶酒如果大家都喝是不够的，若是只让一个人喝，就能喝个痛快。那么，这壶酒到底给谁喝呢？

　　这时有人建议：每个人在地上画一条蛇，谁画得又快又好，就把这壶酒给他喝。大家都认为这个办法好，于是，便纷纷在地上画起蛇来。

　　有个人画得很快，最先画好了，他就端起酒壶要喝酒。但是他回头看看其他人都还没有画好呢。于是他心想："他们画得可真慢。"于是，他想继续显示一下自己的本领，便左手提着酒壶，右手拿了一根树枝，给蛇画起脚来，还扬扬得意地说："你们画得好慢啊！我再给蛇画几只脚也不算晚呢！"

　　正在他一边画着脚，一边说话的时候，另外一个人也画好了。那个人马上把酒壶从他手里夺过去，说："你见过蛇吗？蛇是没有脚的，你为什么要给它添上脚呢？所以第一个画好蛇的人不是你，而是我了！"

　　那个人说罢就仰起头来，咕咚咕咚把酒喝下去了。

宝贝，妈妈对你说

　　蛇本来没有脚，先画完蛇的人，却将蛇添了脚，结果不成为蛇。宝贝，这个故事启示我们：凡事应适可而止，如节外生枝，多此一举，反而坏事。所以，宝贝以后做什么事，只要做得恰到好处，就已经把事情处理圆满了。

公牛与野山羊

有一天，一头公牛被狮子追赶，公牛一路逃走，累得气喘吁吁，好不容易看到前方有一个山洞，便逃了进去。可是狮子却守在洞外，等着公牛出来。

洞里住着一群野山羊，但野山羊对这位避难的朋友并不友好。它们认为公牛好欺负，对公牛又踢又顶，公牛忍着痛对野山羊说："其实我并非打不过你们，我在这里忍受屈辱，并不是害怕你们，而是害怕那站在洞口的狮子。等狮子走了，我就让你们知道我公牛的厉害！"

狮子终于等不及，失望地走了。于是公牛狠狠地收拾了野山羊一顿。这回野山羊们可尝到了苦头。

宝贝，妈妈对你说 -------------------

公牛受到狮子追赶逃到了山洞，没想到却被野山羊欺负，公牛为了不被狮子吃掉，暂时容忍了野山羊。宝贝，这个故事说明，为了逃避大灾难，必须忍受小痛苦。俗话说："小不忍，则乱大谋。"

131

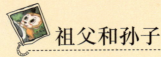

祖父和孙子

从前有个很老很老的老人，眼睛花，耳朵也聋，双膝还不住地发抖。每当他坐在餐桌前吃饭时，汤匙也握不稳，常常把菜汤洒在桌布上，汤还会从嘴边流出来。儿子和儿媳都嫌弃他，老人只好躲到灶后的角落里吃饭。他们给他一只瓦盆，把饭菜盛到里面给他吃，而且每顿饭都不给老人吃饱。老人很伤心，常常眼泪汪汪地看着桌子。

有一天，老人的手颤抖得连那只瓦盆都端不稳了，瓦盆掉到地上打碎了。儿媳没完没了地训斥他，老人一声不吭，只是不住地叹气。儿子和儿媳又花了几分钱买来一只木碗给老人吃饭用。

后来有一天，老人的儿子和儿媳正在吃饭，四岁的小孙子把地上的碎木片拾掇到一起。

"你这是干什么呢？"父亲问。

"我要做一只木碗，等我长大了，让爸爸妈妈也用它吃饭。"

听到这话，儿子和儿媳对视了一会儿，最后哭了起来。他们立刻将老人请到桌边，从此让老人和他们一起吃饭，即使老人不小心洒出点什么，他们也不再说什么了。

宝贝，妈妈对你说

亲爱的宝贝，孝敬父母、尊老爱幼是我们中华民族的传统美德。我们每个人都有老去的一天，如果你想将来你的孩子怎么对待你，那么你就怎样对待你的父母吧！这种美德一代一代传承下去，才是真正的好事。

# 挑媳妇

从前，有个牧羊人急于娶个老婆。他一下子认识了三姐妹，发现个个貌美，哪个也不差。这下他可为难了，一时不知该选哪一个好。

他只好去问母亲，母亲说：请她们三个一块儿来我们家，在她们面前摆些奶饼，看看她们怎么个吃法，年轻人照做了。第一个连皮把奶饼一口吞了下去；第二个想先削皮，但一时匆忙，削去的皮上还留有许多奶酪，就把皮给扔了；第三个去皮时很仔细，切得不多也不少。

牧羊人把这一切都看在眼里，然后告诉了母亲。母亲说："就挑第三个做你的媳妇吧！"牧羊人照办了，从此他俩过着幸福美满的生活。

宝贝，妈妈对你说

宝贝，这个小故事想说的是：生活中有很多事情都取决于细心和良好的习惯，也许在不经意间就帮了你的大忙。生活中的点点滴滴都是我们不能忽视的，一个小小的动作，一个小小的问候，都能使我们改变许多。所以，我们要注重生活中的每一个细节，养成良好的习惯。

农夫与蛇

从前，有一位农夫在寒冷的冬天里看见一条正在冬眠的蛇，就把它捡起来，小心翼翼地揣进怀里，用自己的体温温暖着它。

那蛇受了惊吓，被吵醒了。等到它彻底苏醒过来，便因为自卫的本能，用尖利的毒牙狠狠地咬了农夫一口，使农夫受了致命的创伤。

农夫临死的时候痛悔地说："我欲行善积德，但学识浅薄，结果害了自己，遭到这样的报应。"

宝贝，这个故事给那些貌似"善良"的人一个教训。农夫虽然好心"救"了蛇，但他并不了解蛇有冬眠的习性，因此，农夫的救助反而使冬眠中的蛇受到惊吓，反咬农夫一口。这个故事告诉我们，善意不是随便施与的，能够真正了解别人的需求才是王道，帮助了并不需要帮助的人反而会伤到自己。

137

叶公好龙

　　从前有一个叫叶公的人。叶公经常对别人说："我特别喜欢龙，龙多么神气、多么吉祥啊！"于是当他家装修房子的时候，他就让工匠们在房梁上、柱子上、门窗上、墙壁上到处都雕刻上龙，家里就像龙宫一样，就连叶公自己的衣服上也绣上了龙的图案。

　　叶公喜欢龙的消息传到了天宫中真龙的耳朵里，真龙想："没想到人间还有一个这样喜欢我的人呢！我得下去看看他。"有一天，龙从天上降下来，来到了叶公的家里。龙把大大的头伸进叶公家的窗户，长长的尾巴拖在地上。叶公听到有声音，就走出卧室来看，这一看可不得了，一只真龙正在那里瞪着自己，叶公顿时吓得脸色苍白，浑身发抖，大叫一声逃走了。

宝贝，妈妈对你说 - - - - - - - - - - - - - - - - - - -

　　叶公虽然表面上喜爱龙，但当龙真的出现在他面前时，他却吓得魂不附体。这个故事，用很生动的比喻，辛辣地讽刺了社会上存在的"叶公式"的人物。比喻表面上爱好某种事物，实际上并不真爱好，表里不一，言不由衷。宝贝，我们的任何喜好，都应该发自内心，用心钻研，只有这样我们才能在某个领域越来越出色；如果只做表面文章，那么在遇到困难时就会被吓倒，很难获得成功。

刻舟求剑

　　从前有一个楚国人出门远行。他在乘船过江的时候，一不小心，把随身带着的剑掉到江中去了。船上的人都大叫："剑掉进水里了！"

　　这个楚国人并不慌张，他拿出一把小刀在船舷上刻了个记号，然后回头对大家说："这是我的剑掉下去的地方。"

　　众人疑惑不解地望着那个刀刻的印记。有人催促他说："你刻这个记号有什么用？快下水去找剑呀！"楚国人说："慌什么，我有记号呢。"

　　船继续前行，又有人催他说："再不下去找剑，这船越走越远，当心找不回来了。"

　　楚国人依旧自信地说："不用急，不用急，记号刻在那儿呢。"

　　直至船行驶到岸边停下后，这个楚国人才顺着他刻有记号的地方下水去找剑。可是，他怎么能找得到呢？掉进江里的剑是不会随着船行走的，而船和船舷上的记号却在不停地前进。等船行至岸边，船舷上的记号与水中剑的位置早已风马牛不相及了。这个楚国人用上述办法去找他的剑，不是太糊涂了吗？

　　这个楚国人在岸边船下的江水中，白费了好大一阵功夫，结果毫无所获，还招来了众人的讥笑。

宝贝，妈妈对你说

　　宝贝，这个世界上的事物，总是不断发展变化的。我们想问题、办事情都应该考虑到这种变化。故事中的人将剑落入水中，可是他却固执地认为，只要记住剑落水时船的刻度，就能找到剑。但是，船不断前行，要想找到剑，必须回到剑落水时的位置，而与船的刻度没有任何关系。所以，我们在解决问题时，一定要分析事情发展变化的方向，才能找到正确的答案。

十二生肖的故事

在中国的十二生肖里，有兔子、老虎、老鼠……那么，为什么没有猫呢？这里有个故事。

很久以前，有一天，人们说："我们要选十二种动物作为人的生肖，一年一种动物。"天下的动物有那么多，怎么个选法呢？这样吧，定好一个日子，这一天，动物们来报名，就选先到的十二种动物为十二生肖吧。

猫和老鼠是邻居，又是好朋友，它们都想去报名。猫说："咱们得一早起来去报名，可是我爱睡懒觉，怎么办呢？"老鼠说："别着急，别着急，你尽管睡你的大觉，我一醒来，就去叫你，咱们一块儿去。"猫听了很高兴，说："你真是我的好朋友，谢谢你了。"

到了报名那天早晨，老鼠早就醒来了，可是它光想着自己的事，把好朋友猫的事给忘了，就自己跑去报名了。

结果，老鼠被选上了。猫呢？猫因为睡懒觉，起床太迟了，等它赶到时，十二种动物已被选定了。

猫没有被选上，就生老鼠的气，怪老鼠没有叫它。从这以后，猫见了老鼠就要吃它，老鼠就只好拼命地逃，现在还是这样。

宝贝，妈妈对你说 --------------------

　　宝贝，故事中的猫之所以没有入选十二生肖，是因为它过于懒惰，把自己的事情托付给别人，结果连参加选拔的资格都失去了。就算猫有理由责怪老鼠，但毕竟自己连自己的事情都不当回事，还能指望别人把你的事情当回事吗？所以，猫只能怪自己，因为太懒惰错失良机。宝贝，如果你想做成某件事，那就要认真对待，充分做好准备，尽自己最大的努力去争取。你要永远记住："机会只会降临到有准备的人身上。"

拔萝卜

老公公种了个萝卜，他对萝卜说："萝卜、萝卜，快快长吧，长得甜啊；萝卜、萝卜，快快长吧，长得大啊！"萝卜越长越大，大得不得了。

老公公就去拔萝卜。他拉住萝卜的叶子，"嗨哟、嗨哟"拔呀拔，拔不动。老公公喊："老婆婆、老婆婆，快来帮忙拔萝卜！""唉！来了、来了。"

老婆婆拉着老公公，老公公拉着萝卜叶子，一起拔萝卜。"嗨哟、嗨哟"拔呀拔，还是拔不动。老婆婆喊："小姑娘、小姑娘，快来帮忙拔萝卜！""唉！来了、来了。"

小姑娘拉着老婆婆，老婆婆拉着老公公，老公公拉着萝卜叶子，一起拔萝卜。"嗨哟、嗨哟"拔呀拔，还是拔不动。小姑娘喊："小狗儿、小狗儿，快来帮忙拔萝卜！""汪汪汪！来了、来了。"

小狗儿拉着小姑娘，小姑娘拉着老婆婆，老婆婆拉着老公公，老公公拉着萝卜叶子，一起拔萝卜。"嗨哟、嗨哟"拔呀拔，还是拔不动。小狗儿喊："小花猫、小花猫，快来帮忙拔萝卜！""喵喵喵！来了、来了。"

小花猫拉着小狗儿，小狗儿拉着小姑娘，小姑娘拉着老婆婆，老婆婆拉着老公公，老公公拉着萝卜叶子，一起拔萝卜。"嗨哟、嗨哟"拔呀拔，还是拔不动。小花猫喊："小耗子、小耗子，快来帮忙拔萝卜！""吱吱吱！来了、来了。"

小耗子拉着小花猫，小花猫拉着小狗儿，小狗儿拉着小姑娘，小姑娘拉着老婆婆，老婆婆拉着老公公，老公公拉着萝卜叶子，一起拔萝卜。"嗨哟、嗨哟"拔呀拔，大萝卜有点动了，再用力地拔呀拔，大萝卜拔出来啦！他们高高兴兴地把大萝卜抬回家去了。

　　这个故事告诉我们一个简单的道理："团结就是力量！"宝贝，如果你留心，就会发现很多事情只靠一个人的力量是无法完成的，只有懂得与人合作，众人合力才能将事情办成。就像盖一座大楼，每个人分工不同，有投资者、有设计师、有建筑工人，大家都贡献出自己的一份力量，才能既快又好地建造出摩天大楼。宝贝，你若明白了这个道理，就一定能做成更大的事情。

147

孔融让梨

　　古时候，有一个小孩儿名字叫孔融。他家有六个兄弟，他排行第六。因为他性情活泼、随和，大家都喜欢他。虽然家里兄弟多，但爸爸妈妈对他们每个人的要求都很严格，从不偏袒。

　　在孔融四岁那年，有一天，爸爸的一个学生来看老师和师母，并带来了一大堆梨。客人让孔融把梨分给大家吃，在爸爸点头同意后，小孔融站起来给大家分梨。他先拿个最大的梨给客人，然后挑两个较大的给爸爸、妈妈；再依次把大的一个一个分给了哥哥们；最后，他才在一大堆梨中拿了一个最小的给自己。客人问小孔融为什么捡一个最小的给自己呢？孔融回答："我年纪最小，当然应该吃最小的。"客人听了孔融的回答直夸奖他，爸爸也满意地点了点头。

　　宝贝，妈妈对你说 - - - - - - - - - - - - - - - - - -

　　《孔融让梨》这个故事在中国可谓是家喻户晓。爸爸妈妈小时候都听过这个故事。中国自古以来就崇尚尊敬长辈、谦恭礼让，这也是我们祖先流传下来的优良品格。宝贝，从小做一个懂得礼让的人，将来与别人交往时，也会给你带来很大的益处。

第3章
孕晚期胎教法

怀孕晚期，一些孕妇没有坚持孕晚期的胎教训练，

这样不仅影响前期训练对胎儿的效果，

而且影响孕妇的身体与生产准备。

为了巩固胎儿在孕早期、孕中期对各种刺激已形成的条件反射，

孕晚期更应坚持各项胎教内容。

讲给准妈妈的胎教详解

运动胎教

运动胎教是指准妈妈适时、适当地进行体育锻炼和帮助胎儿活动，以促进胎儿大脑及肌肉的健康发育。

凡是在宫内受过"体育"运动训练的胎儿，出生后翻身、坐立、爬行、走路及跳跃等动作的发育都明显早于一般的宝宝。

在怀孕3～5个月可以适当对胎儿进行宫内运动训练。做法是孕妇仰卧，全身放松，先用手在腹部来回抚摸，然后用手指轻按腹部的不同部位，并观察胎儿有何反应。开始时动作宜轻，时间宜短，等过了几周，胎儿逐渐适应之时，就会做出一些积极反应。这时可稍加一点运动量，每次时间以5分钟为宜。

怀孕第6个月后，就可以轻轻拍打腹部，并用手轻轻推动胎儿，让胎儿进行宫内"散步"活动，如果胎儿顿足，可以用手轻轻安抚他。如能配合音乐和对话等方法，效果更佳。

孕妇运动时心率不能过快，孕妇如出现晕眩、恶心或疲劳等情况，应立即停止运动；如发生腹痛或阴道出血等情况，要及时到医院检查。

适当的运动有益于孕妇和胎儿的健康，但孕妇在运动前一定要听取医生的意见，要清楚孕期的哪个阶段可以运动，哪些时候根本不能运动，以及适合孕妇的运动方式。孕妇适合做何种运动、运动量的大小，也都要根据个人的身体状况而定，不能一概而论。如果孕妇怀孕前就一直有锻炼的习惯，在孕期可以继续选择锻炼，但开始的时候一定要慢慢来。

　　孕期的前3个月一定要小心，这个阶段最好不要剧烈运动。在怀孕的后期即28周后孕妇也不适宜再做运动，因为这时胎儿已经长得很大了，运动有可能造成过敏性宫缩，导致早产等问题。另外，孕妇在孕期的12周到28周前最好做不紧不慢的运动，如游泳、打太极、散步、比较简单的瑜伽等。

呼唤胎教

如果怀孕就起好名字并经常呼唤的话，这对促进他的身心发育具有十分有益的影响。

"呼唤胎教法"即"母儿对话"，孕妇及其丈夫与胎儿进行语言沟通，包括讲一些儿歌。胎儿是有记忆的，呼唤他的名字，或"宝宝"、"乖乖"等称呼，出生后仍可辨认。

在妻子怀孕期间，准爸爸经常向胎儿说："小宝宝，你好吗？我是你爸爸!"同时抚摩胎儿。一直坚持这样做，后来他发现每当说这句话时，胎儿就会兴奋地蠕动起来。当这个孩子出生后出现不快时，父亲还习惯性地说："小宝宝，你好吗？我是你的爸爸!"话刚出口，婴儿就像着了魔法一样突然停止了哭声，并掉转头来寻找发出声音的方向，后来竟笑了。以后每当孩子哭闹时，父亲都会说这句话，而每次孩子都能从哭闹中安定下来。

由此可见，父母通过声音和动作对腹中的胎儿进行呼唤训练，是一种积极有益的胎教手段。胎儿的潜能的章节已经讲过，胎儿具有辨别各种声音并能做出相应反应的能力，父母就应该抓住这一时机经常对胎儿进行"对话训练"，也就是"呼唤胎教"。

　　对刚出生的孩子来说，来到这个完全陌生的世界时，就能听到一个他所熟悉的声音，可以消除由于环境的突然改变而带给他心理上的紧张与不安。

　　生活中我们会看到这样的现象，一些婴儿，即使不熟悉的女性逗他，他也会笑，而父亲逗他则反而会哭，别说其他的男性了。这正是孩子从胎儿期到出生后的一段时间里，对男性的声音不熟悉造成的。

　　声学研究表明：胎儿在子宫内最适宜听中、低频调的声音，而男性的说话声音正是以中、低频调为主。因此，父亲坚持每天对子宫内的胎儿讲话，让胎儿熟悉父亲的声音，能够唤起胎儿最积极的反应，有益于胎儿出生后的智力及情绪稳定。

对肚中宝宝说话有三点需要特别注意的。

一、声音要适当大和清晰、速度要缓慢、要发自内心。传递给胎儿的声音通过羊水后往往有些模糊不清，因此在对胎儿说话时，声量要适当大一些，吐字要清晰一些，停顿要长一些，语速要慢一些。

二、两天打鱼三天晒网可不行！要坚持，哪怕每天只有15分钟。对胎儿说话，持之以恒很重要。每次的时间短一些也不要紧，但要尽量坚持每天都至少进行一次。

三、准妈妈自己不要觉得有负担，情绪上保持愉悦很重要。如果妈妈总有"真烦呀"等抵触情绪，无形中就会成为一种压力，而这种压力也往往会传递给胎儿。因此，妈妈自己要保持轻松愉快的心情，如果能把它作为一种享受，就再好不过了。

行为胎教

行为也是一种语言，只不过它是一种无声的语言，孕妇的行为通过信息传递可以影响到胎儿。

我国古人在这方面就早有论述，古人认为，胎儿在母体内就应该接受母亲言行的感化，因此要求女性在怀胎时就应该清心养性，恪守礼仪、循规蹈矩、品行端正，给胎儿以良好的影响。相传周文王的母亲在怀文王时由于她做到了目不视恶色、耳不听淫声、口不出傲言，甚至坐立端正等良好的胎教，因此她所生的文王贤明英武，深得民心。

由此可见，早在古代人们就已经懂得了母亲的良好行为对后代的影响。时至今日，即使我们已经进入了信息科技时代，但我国的古代胎教学说却一直被中外学者所重视。经过长期的研究，他们证明了我国古代胎教理论是相当有科学性的。

父母尤其是孕妇行为的好与坏会对胎儿乃至未来一生的行为产生重大的影响。

孕妇的行为通过信息传递可以影响到胎儿。因此父母应该养成良好行为习惯来给宝宝潜移默化的影响。这种胎教就是行为胎教。

怡情胎教

好情绪就是一种好的胎教，情绪胎教贯穿整个怀孕过程的始终。好的情绪让人有一种幸福感，孕妇要充满幸福感，这种幸福感必然会带给胎儿最好的精神营养。

人的情绪变化与内分泌有关，在情绪紧张或应激状态下，体内一种叫乙酰胆碱的化学物质释放增加，促使肾上腺皮质激素的分泌增多。在孕妇体内这种激素随着母体血液经胎盘进入胎儿体内，而肾上腺皮质激素对胚胎有明显破坏作用，影响某些组织的联合，特别是前3个月，正是胎儿各器官形成的重要时期，如孕妇长期情绪波动，就可能造成胎儿畸形，所以，准妈妈们每天都开心一点吧，不要吝啬你的微笑。

孕妇更应该注意心理保健，控制各种过激情绪，始终保持开朗、乐观的心情；做丈夫的也应该在精神上给妻子以安慰。怀孕期间，不仅准妈妈要常常微笑，准爸爸也要常常微笑，因为你的情绪常常影响着妻子的情绪。妻子快乐，这种良好的心态，会传递给腹中的宝宝，让宝宝也快乐。胎儿接受了这种良好的影响，会在生理、心理各方面健康发育。

行为胎教

行为也是一种语言，只不过它是一种无声的语言，孕妇的行为通过信息传递可以影响到胎儿。

我国古人在这方面就早有论述，古人认为，胎儿在母体内就应该接受母亲言行的感化，因此要求女性在怀胎时就应该清心养性，恪守礼仪、循规蹈矩、品行端正，给胎儿以良好的影响。相传周文王的母亲在怀文王时由于她做到了目不视恶色、耳不听淫声、口不出傲言，甚至坐立端正等良好的胎教，因此她所生的文王贤明英武，深得民心。

由此可见，早在古代人们就已经懂得了母亲的良好行为对后代的影响。时至今日，即使我们已经进入了信息科技时代，但我国的古代胎教学说却一直被中外学者所重视。经过长期的研究，他们证明了我国古代胎教理论是相当有科学性的。

父母尤其是孕妇行为的好与坏会对胎儿乃至未来一生的行为产生重大的影响。

孕妇的行为通过信息传递可以影响到胎儿。因此父母应该养成良好行为习惯来给宝宝潜移默化的影响。这种胎教就是行为胎教。

怡情胎教

好情绪就是一种好的胎教，情绪胎教贯穿整个怀孕过程的始终。好的情绪让人有一种幸福感，孕妇要充满幸福感，这种幸福感必然会带给胎儿最好的精神营养。

人的情绪变化与内分泌有关，在情绪紧张或应激状态下，体内一种叫乙酰胆碱的化学物质释放增加，促使肾上腺皮质激素的分泌增多。在孕妇体内这种激素随着母体血液经胎盘进入胎儿体内，而肾上腺皮质激素对胚胎有明显破坏作用，影响某些组织的联合，特别是前3个月，正是胎儿各器官形成的重要时期，如孕妇长期情绪波动，就可能造成胎儿畸形，所以，准妈妈们每天都开心一点吧，不要吝啬你的微笑。

孕妇更应该注意心理保健，控制各种过激情绪，始终保持开朗、乐观的心情；做丈夫的也应该在精神上给妻子以安慰。怀孕期间，不仅准妈妈要常常微笑，准爸爸也要常常微笑，因为你的情绪常常影响着妻子的情绪。妻子快乐，这种良好的心态，会传递给腹中的宝宝，让宝宝也快乐。胎儿接受了这种良好的影响，会在生理、心理各方面健康发育。

准妈妈的艺术欣赏

《星月夜》

　　《星月夜》是后印象主义画派代表人物文森特·威廉·凡·高的油画名作。这幅画描绘了一个夸张变形与充满强烈震撼力的星空景象。那卷曲旋转巨大的星云，那一团团夸大了的星光，以及那一轮令人难以置信的橙黄色的明月，大约是画家在幻觉和晕眩中所见。对凡·高来说，画中的图像都充满着象征的含义。

　　那轮从月食中走出来的月亮，暗示着某种神性，让人联想到凡·高所乐于提起的一句雨果的话："上帝是月食中的灯塔"。而那巨大的、形如火焰的柏树，以及夜空中像飞过的卷龙一样的星云，也许象征着人类的挣扎与奋斗的精神。

〔荷兰〕文森特·威廉·梵高

159

《圣安娜与圣母子》

欣赏一幅美丽的名画，收获一份愉快的心情。《圣安娜与圣母子》是意大利著名的画家达·芬奇所作。圣安娜、圣母、圣子这三个人的眼神是各不相同的，圣安娜是慈祥，圣母是摒弃感情的圣洁，而圣子则是超越年龄的慈爱和坚毅。这幅画表达了一种人间家庭的天伦之情，给人一种美好的感觉。

〔意大利〕列奥纳多·达·芬奇

《圣母的婚礼》

画面前景仍以对称式布满人物，视觉中心是代表神的意志的主教主持仪式，约瑟将订婚戒指戴在马利亚的手上，左右两边分别是两组男女青年。马利亚后面的一组女子是她的女友，而约瑟背后的男青年则是求婚者，他们手执求婚标志的棍棒，谁的棒头开花，谁就是命中注定的马利亚的未婚夫，正是约瑟的棒头开出一朵小花，这一神的意愿使其他求婚者陷入痛苦和不安，有的甚至激愤，前景中的青年就绝望地折断了手中的求婚棒。这是一幕充满戏剧性的场面。

画中无论男女，形象都塑造得俊美，画家大量使用变化多样的曲线，人物的体态面貌、衣服的褶纹变化，都给人造成秀逸柔美之感。人物造型除带有老师娴静优雅的风格特征外，开始显露自己独特的柔美风格。画面取对称式布局，背景是顶天立地的多边形洗礼堂充满天堂。大量使用水平线、垂直线和半圆形曲线，造成刚中有柔、简洁明快、整体变化和谐的美感。

〔意大利〕拉斐尔·桑蒂

161

《三月》

　　这是一幅俄罗斯农村平凡的初春景色。画面上，积雪消融，土地渐渐苏醒过来，散发着蕴藏了整整一个冬季的醇厚气息。不落叶的乔木带着沉郁的绿色，落叶乔木则在枝头泛起点点春意。画面右侧那只露出小小一点的房屋，是全画的点睛之笔，那种柠檬黄，让人心中充满温暖。瞧，连那匹马似乎也为这种柠檬黄而感动，双眼温柔地凝视着房屋，那双眼睛曾看尽了一整个寒冬。列维坦说过："不仅需要用眼看，而且还要用内心去感觉自然，听自然的音乐，体验自然的幽静。"

〔俄罗斯〕伊萨克·列维坦

《阿尔诺芬尼夫妇像》

　　画中新娘的左手放在小腹上，暗示她对怀孕生子的期盼；床头的木雕装饰讲的是圣·玛格丽特的故事，当时的信仰中也隐含着新娘对宝宝的渴求。

　　画中红色的床单、幔帐使室内看上去像一间新房，新郎的左手与新娘的右手搭在一起，新郎的右手竖在胸前，郑重地宣誓，他们正好位于画面中心的位置，表明对婚姻的忠贞。在当时只要男女之间通过语言或者行动表达了彼此间的钦慕，就可以缔结合法的婚姻，即使没有见证人也能够生效。吊灯上的蜡烛还有地上的小狗，意味着彼此间的忠贞；而脱在一旁的鞋子表明这里是圣洁之地。于是，画面中的所有信息几乎都能和婚姻联系到一起。

　　对于名家之作的解释永远不会有定论，每位欣赏这幅名画的准妈妈都是艺术家，因为在这里是画面和准妈妈之间的联系，用心去看，才能发现其中的乐趣和美妙。

[荷兰] 扬·凡埃克

《椅中圣母》

关于《椅中圣母》的传说是这样的，从前有一德高望重的隐士在森林里遇到狼群，他急中生智，爬上橡树才幸免于难。后被一酒家女儿救下并受到款待。在酒店过了一宿后，翌晨离开了林子。走时他预言，救他的橡树与这位姑娘将得到永恒的善报。

若干年后，橡树被砍下做了酒店的酒樽，姑娘也结婚生了两个儿子。一天，拉斐尔路过这里，见到这两个天使般的孩子与年轻漂亮的妈妈，绘画的兴致油然而生。可眼前没有绘画工具。急切中他抓起地上的陶土片，在酒店门边一个橡树酒桶底上画下这母子三人形象。

《椅中圣母》一画也非画家的即兴之作。我们从圣母的头巾、绣织着民间图案的带穗披肩以及红色上衣、蓝色斗篷等装束来看，证明画家是深刻观察了意大利民间妇女形象后的室内创作成果。拉斐尔非常仔细地把三个人物处理在一个狭小的圆形框内。为了展示圣母的亲子之情，布局极其精心。圣婴坐在母亲的右膝，但左膝就很难处理，如按实际的样子，约翰就会挤出画外。画家用左膝上的衣褶来减弱它的视觉效果，让约翰占有一席地位。双手合掌的约翰把一根具有象征意义的拐杖挟在左手肘里，这样，他既是普通的拐杖，又预示耶稣将以牧师的身份走向人间。这根拐杖的柄端是一个简陋的十字架，它暗示约翰将在荒野中多次呼叫耶稣，也暗喻耶稣受难于十字架的未来。在基督教的图像学中，红色一般象征天主的圣爱，蓝色象征天主的真理。

〔意大利〕拉斐尔·桑蒂

《天上的爱与人间的爱》

　　天上的爱，一个裸体女人，拿着一盏油灯，赤裸裸地亮着；世俗的爱，穿衣的女人，一点点的虚荣，一点点的富贵，天上的世间的女子，有不同的风韵；一个爱的小天使，淘气地在池子里戏水。天上的世间的爱都一样地成长，这就是提香色。

　　《天上的爱与人间的爱》取材于希腊神话中的一则故事：为夺回被叔父霸占的王位，伊阿宋要去阿尔喀斯夺取天神的圣物金羊毛。爱神阿弗洛迪忒使阿尔喀斯的公主美狄亚对英雄伊阿宋一见倾心。在美狄亚的帮助下，伊阿宋和他的英雄朋友们渡过重重难关，终于杀死了守卫的毒龙，取得了金羊毛。之后，美狄亚与伊阿宋结合。画面上，爱神（右）正劝说美狄亚（左）。要她帮助伊阿宋夺取金羊毛。这幅画的寓意很多，其中之一是：天上的爱代表爱神所统辖的虚幻之爱；人间的爱代表美女爱英雄的世俗之爱。

〔意大利〕提香·韦切利奥

准妈妈学画简笔画

蒲扇

在画蒲扇的时候切记一定要将蒲扇的圆形画得圆圆的。

[工具小提示]

白纸

画笔

圆形模具

制作「步骤」

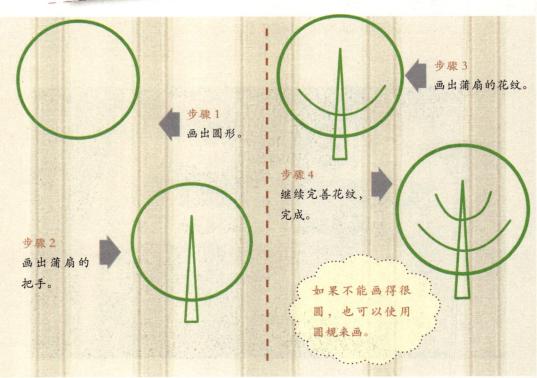

步骤 1
画出圆形。

步骤 2
画出蒲扇的把手。

步骤 3
画出蒲扇的花纹。

步骤 4
继续完善花纹，完成。

如果不能画得很圆，也可以使用圆规来画。

小白兔

画小白兔的耳朵要区别于小熊和熊猫，兔子的耳朵稍微再画得长一些。

[工具小提示]
白纸
画笔
圆形模具

制作「步骤」

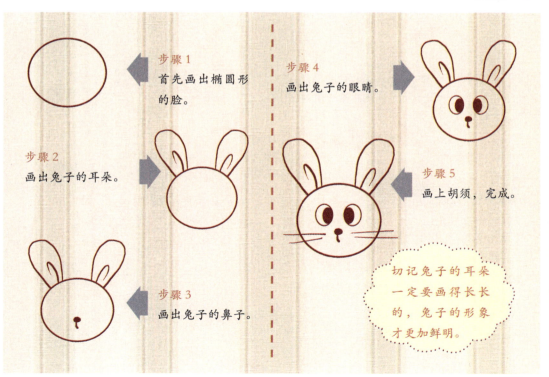

步骤1
首先画出椭圆形的脸。

步骤2
画出兔子的耳朵。

步骤3
画出兔子的鼻子。

步骤4
画出兔子的眼睛。

步骤5
画上胡须，完成。

切记兔子的耳朵一定要画得长长的，兔子的形象才更加鲜明。

手表

我们可以根据自己的喜好随意变化手表表带上的花纹，使手表更加生动。

[工具小提示]
白纸
画笔

制作「步骤」

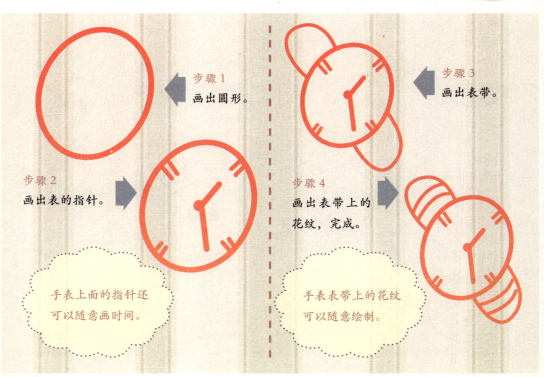

步骤1
画出圆形。

步骤2
画出表的指针。

步骤3
画出表带。

步骤4
画出表带上的花纹，完成。

手表上面的指针还可以随意画时间。

手表表带上的花纹可以随意绘制。

168

拎包

我们可以根据自己的喜好随意变化拎包上的花纹，使拎包更加生动。

[工具小提示]

白纸

画笔

制作「步骤」

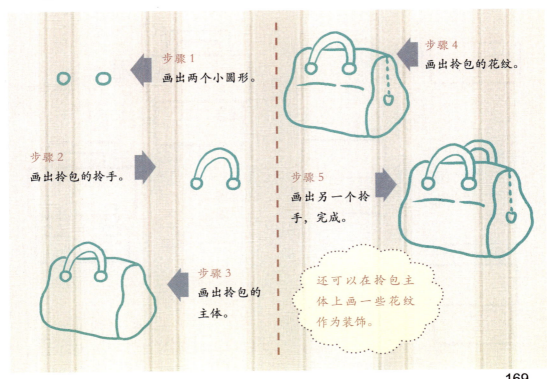

步骤1
画出两个小圆形。

步骤2
画出拎包的拎手。

步骤3
画出拎包的主体。

步骤4
画出拎包的花纹。

步骤5
画出另一个拎手，完成。

还可以在拎包主体上画一些花纹作为装饰。

公文包

方方正正是这个公文包的主要特点，在画的时候尽量将线画直。

[工具小提示]	
白纸	
画笔	
格尺	

制作「步骤」

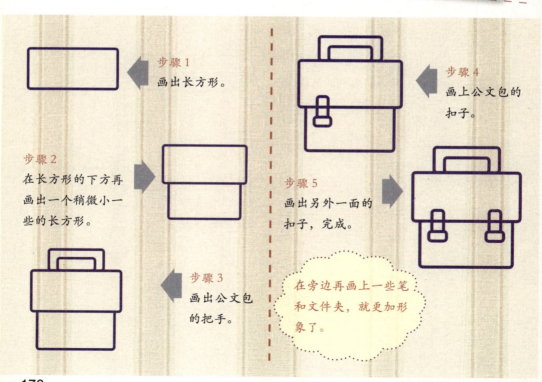

步骤 1
画出长方形。

步骤 2
在长方形的下方再画出一个稍微小一些的长方形。

步骤 3
画出公文包的把手。

步骤 4
画上公文包的扣子。

步骤 5
画出另外一面的扣子，完成。

在旁边再画上一些笔和文件夹，就更加形象了。

170

衣服

衣服是我们日常生活中
每天都要接触的重要物品，
在画的同时要多观察。

[工具小提示]		
白纸		
画笔		
格尺		

制作「步骤」

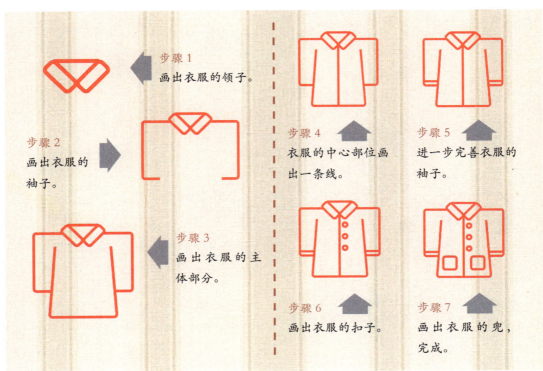

步骤 1
画出衣服的领子。

步骤 2
画出衣服的
袖子。

步骤 3
画出衣服的主
体部分。

步骤 4
衣服的中心部位画
出一条线。

步骤 5
进一步完善衣服的
袖子。

步骤 6
画出衣服的扣子。

步骤 7
画出衣服的兜，
完成。

轻轨车

铁轨车的绘画是非常重要的，小朋友要注意铁轨的透视角度，这样才能体现出轻轨的速度感。

[工具小提示]
白纸
画笔
格尺

制作「步骤」

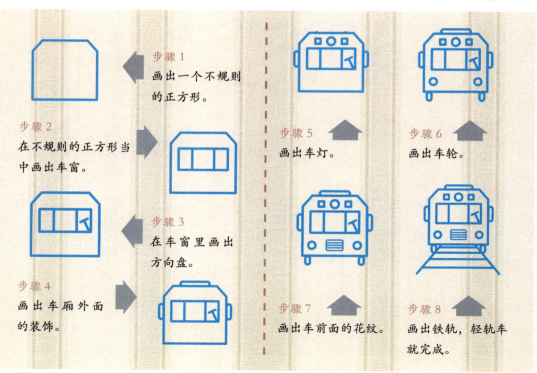

步骤 1
画出一个不规则的正方形。

步骤 2
在不规则的正方形当中画出车窗。

步骤 3
在车窗里画出方向盘。

步骤 4
画出车厢外面的装饰。

步骤 5
画出车灯。

步骤 6
画出车轮。

步骤 7
画出车前面的花纹。

步骤 8
画出铁轨，轻轨车就完成。

日出

　　小树的多少和小路的蜿蜒程度，可以根据自己的喜好自由发挥。

[工具小提示]	
白纸	
画笔	

制作「步骤」

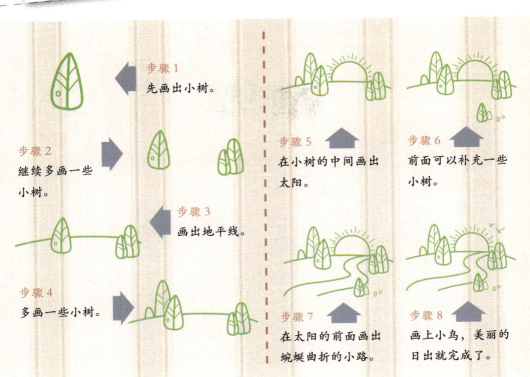

步骤 1
先画出小树。

步骤 2
继续多画一些小树。

步骤 3
画出地平线。

步骤 4
多画一些小树。

步骤 5
在小树的中间画出太阳。

步骤 6
前面可以补充一些小树。

步骤 7
在太阳的前面画出蜿蜒曲折的小路。

步骤 8
画上小鸟，美丽的日出就完成了。

173

农舍

在绘画小房子的过程中，最主要的地方就是房子的主体，首先要将房子画好后，再进行其他的延伸绘画。

[工具小提示]

白纸

画笔

174

制作「步骤」

步骤 1
画出农舍的房顶。

步骤 2
画上农舍的烟囱。

步骤 3
画出房梁。

步骤 4
画出农舍的主体。

步骤 5
画出农舍门。

步骤 6
画出农舍的窗户。

步骤 7
画出一条地平线。

步骤 8
地平线的前面画出蜿蜒的石子路。

步骤 9
在农舍的后面画出大树。

步骤 10
画出栅栏和烟，完成。

准妈妈的手工折纸

蜗牛

要点：在制作蜗牛的过程中难点在于蜗牛的头部，小朋友一定要仔细观察后再进行制作，会事半功倍。

[工具小提示]

剪刀

裁刀

彩色纸

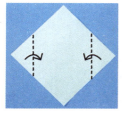

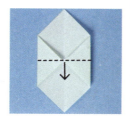

步骤 ① 准备一张正方形纸，沿虚线向箭头方向折。

步骤 ② 翻转到背面沿虚线向箭头方向向下折。

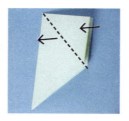

步骤 ③ 沿虚线朝箭头方向折。

步骤 ④ 沿虚线压折上面一角。

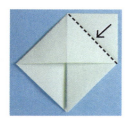

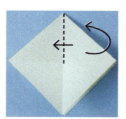

步骤 ⑤ 沿虚线向箭头方向折，方法同步骤4。

步骤 ⑥ 沿虚线对角折，背面相同。

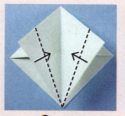

步骤 ⑦ 沿虚线向箭头方向折。

步骤 ⑧ 沿虚线向箭头方向对折。

步骤 ⑨ 沿虚线朝箭头方向压折。

步骤 ⑩ 沿虚线曲折出头部，然后用剪刀剪开。

步骤 ⑪ 画上眼睛，完成。

乌龟

要点：乌龟腿部的折叠方法
比较复杂，请认真观察后再
进行制作，效果会更好，以
免反复折叠出现过多折痕。

[工具小提示]

剪刀

裁刀

彩色纸

画笔

制作「步骤」

 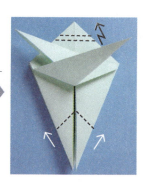

步骤 6
沿虚线压折中间两角，尾部压折。

步骤 1
沿虚线朝箭头方向对折。

步骤 2
沿虚线朝箭头方向向前折。

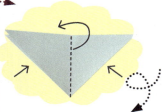

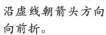
从中间部分向外拉，两角向里折叠。

步骤 3
沿虚线朝箭头方向向后折。

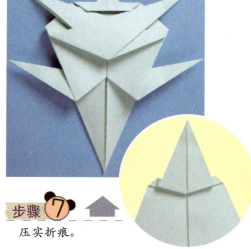

步骤 7
压实折痕。

步骤 4
沿虚线朝箭头方向向里折。

步骤 5
按照直线用剪刀剪开，然后沿虚线朝箭头方向折叠。

步骤 8
画上眼睛，完成。

小鸡

要点：折叠小鸡时头部和腿
部会有一定的难度，请认真
观察后再进行制作。

[工具小提示]
剪刀
裁刀
彩色纸
画笔

制作「步骤」

步骤 ① 准备一张正方形纸，沿虚线向箭头方向折。

步骤 ② 沿虚线向箭头方向折。

步骤 ③ 沿虚线向箭头方向折。

步骤 ④ 沿箭头方向拉出。

步骤 ⑤ 沿虚线向箭头方向向下折两角。

步骤 ⑥ 沿虚线曲折上角。

步骤 ⑦ 沿虚线向箭头方向对折。

头部的比例在压折时要认真观察角度。

步骤 ⑧ 沿虚线向箭头方向压折。

步骤 ⑨ 画上眼睛，完成。

181

千纸鹤

要点： 在制作千纸鹤的时候要注意它翅膀的比例，能左右摇晃，做到对称均衡。

[工具小提示]

剪刀

裁刀

彩色纸

画笔

制作「步骤」

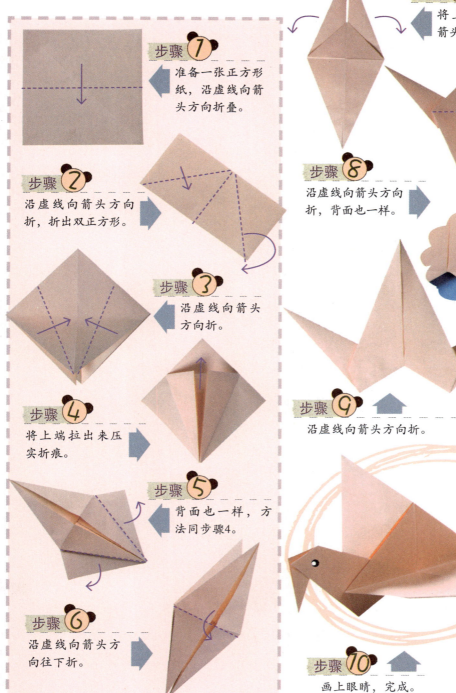

步骤 1
准备一张正方形纸，沿虚线向箭头方向折叠。

步骤 2
沿虚线向箭头方向折，折出双正方形。

步骤 3
沿虚线向箭头方向折。

步骤 4
将上端拉出来压实折痕。

步骤 5
背面也一样，方法同步骤4。

步骤 6
沿虚线向箭头方向往下折。

步骤 7
将上面两角向箭头方向压折。

步骤 8
沿虚线向箭头方向折，背面也一样。

步骤 9
沿虚线向箭头方向折。

步骤 10
画上眼睛，完成。

183

兔子

要点：在折叠兔子的过程中
要注意步骤10和步骤7，这两
个部分相对会有一些难度。

[工具小提示]

剪刀

裁刀

彩色纸

画笔

制作「步骤」

步骤 1
沿虚线折出痕迹，折成双正方形。

步骤 2
沿虚线向箭头方向向内折。

步骤 3
沿虚线向箭头方向折。

步骤 4
沿虚线向箭头方向往下折。

要注意压实折痕，方便后期制作。

步骤 5
沿虚线向箭头方向对折。

步骤 6
沿虚线向箭头方向翻折。

步骤 7
沿虚线向箭头方向翻折。

步骤 8
沿虚线向箭头方向向上翻折。

步骤 9
沿虚线向箭头方向向下翻折。

步骤 10
画上眼睛，完成。

185

马

要点：折叠马的时候要注意步骤4和步骤6，还有在选用纸张上尽量选择比较硬的纸，可以更好地体现立体效果。

[工具小提示]

剪刀

裁刀

彩色纸

画笔

制作「步骤」

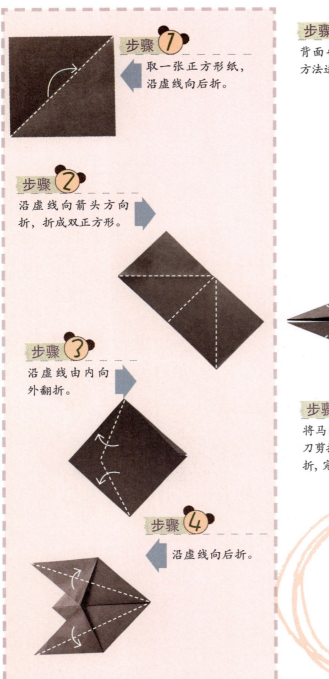

步骤 1

取一张正方形纸，沿虚线向后折。

步骤 2

沿虚线向箭头方向折，折成双正方形。

步骤 3

沿虚线由内向外翻折。

步骤 4

沿虚线向后折。

步骤 5

背面也按照步骤4的方法进行折叠。

步骤 6

沿虚线向箭头方向折出马的头和尾。

步骤 7

将马的嘴多余部分用剪刀剪掉，再将尾巴向后翻折，完成。

187

制作「步骤」

小猪

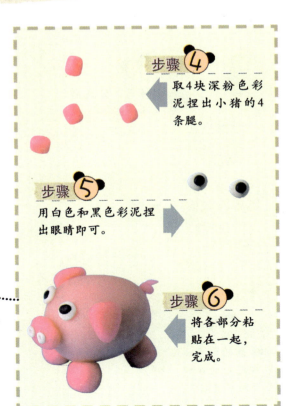

要点 小猪的4条腿如果粘贴不牢靠，可以使用牙签穿起来。

[工具小提示] 彩泥、牙签。

步骤 ① 取浅粉色、深粉色彩泥各一块。

步骤 ② 将浅粉色彩泥捏成椭圆形。

步骤 ③ 将身粉色彩泥捏成3个小球，分别作出小猪的鼻子和耳朵。

制作小窍门 切忌不要忘记小猪的尾巴哦。

步骤 ④ 取4块深粉色彩泥捏出小猪的4条腿。

步骤 ⑤ 用白色和黑色彩泥捏出眼睛即可。

步骤 ⑥ 将各部分粘贴在一起，完成。

189

豌豆

要点 豌豆的豆子要捏成大小不一的圆形，外面的皮将其半包裹住就可以。

[工具小提示] 彩泥、圆珠笔。

制作「步骤」

步骤①

取黄色、绿色彩泥各一块。

制作小窍门

可以用圆珠笔压成椭圆形。

步骤②

将绿色的彩泥按压成椭圆形的饼状，作为豌豆荚。

步骤③

将黄色的彩泥捏成几个球形作为豌豆粒。

步骤④

将各部分粘贴在一起，完成。

玉米

🏷️ **要点**　玉米上面的玉米粒可以用小木梳进行压制，效果非常逼真。

[工具小提示] 彩泥、木梳。

制作「步骤」

步骤 ①
取黄色、绿色彩泥各一块。

步骤 ②
将绿色的彩泥压成长条形的叶子。黄色的彩泥搓成条状的玉米。

制作小窍门
叶片部分尽量薄一些，这样看起来更加自然。

步骤 ③
将各部分粘贴在一起，完成。

蘑菇

要点 把我们可以根据自己的喜好进行随意的调换。

[工具小提示] 彩泥、牙签。

制作「步骤」

步骤 1
取橙色、粉色、深红彩泥各一块。

步骤 2
用粉色彩泥捏成半圆形的蘑菇帽。

步骤 3
用橙色彩泥做出圆柱形蘑菇柄和蘑菇帽上的圆点。

步骤 4
用深红色彩泥压成饼状作为泥土。

制作小窍门
如果蘑菇固定不好，可从底部使用牙签连接。

步骤 5
将各部分粘在一起，完成。

胡萝卜

要点 胡萝卜的主体部分可以捏的细长一些，方便彩色的长条粘贴。

[工具小提示] 彩泥、胶水。

制作「步骤」

步骤 ① 取橙色、绿色彩泥各一块。

步骤 ② 用橙色的彩泥捏成一头大一头小的胡萝卜形状。

步骤 ③ 用绿色的彩泥捏成叶片的形状。

步骤 ④ 用红色的彩泥搓成小细条作为胡萝卜的装饰。

制作小窍门
胡萝卜上的条纹可以用胶水粘牢。

步骤 ⑤ 将各部分粘贴在一起，完成。

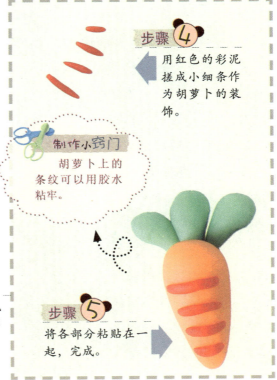

念给胎宝宝的睡前故事

白雪公主

有位怀着宝宝的王后向上帝祈祷：我希望我未来的宝贝像白雪一样心地纯洁善良，相貌美丽优雅！不久，王后果真生了个漂亮的女儿，取名为"白雪"。不幸的是，没过多久王后便病逝了。

一年后，国王新娶了一位王后。这是个美丽的女人，但是她的心像冰冷的石头一样冷酷无情。王后从魔法师那里想方设法得到了一面魔镜，从那以后王后每天都要问魔镜："魔镜、魔镜，快告诉我这世上谁最美丽？"魔镜每次都如实回答："王后最美丽。"

白雪公主渐渐长大了，她真的像她的母后所希望的那样，美丽又善良。无情的王后像对待仆人一样使唤着白雪公主。时光飞逝，白雪公主出落得更漂亮了，她的美终于被魔镜发现了。有一天早上，王后装扮后又问魔镜："魔镜、魔镜，快告诉我这世上谁最美丽？"魔镜回答："白雪公主最美丽，她比您美上一千倍。"王后听了，大吃一惊，嫉妒使她丧失了理智。她找来了一位猎人，声嘶力竭地叫嚷着要他赶快把白雪公主带到黑森林里去杀了，并要他带回白雪公主的肺和肝。天真的白雪公主跟着猎人来到黑森林边，好心的猎人喜欢她的歌声，仰慕她的美丽，不忍心杀她，于是对她说："王后要杀你，快逃走吧，躲到王后找不到的地方去，永远也不要出现！"

白雪公主跌跌撞撞、伤心地跑进黑森林，看见森林深处有幢小巧可爱的木屋，屋里的东西也都很小巧精致，那里有七张小床。白雪公主又饿又渴又累，便倒在一张舒适的小床上睡着了。

小木屋的主人回来了，他们是七个小矮人。他们发现了躺在床上的白雪公主，当白雪公主醒来时，流着眼泪向矮人们诉说了自己的遭遇。小矮人们

也向白雪公主介绍了自己，他们一致希望她留下来。白雪公主和小矮人们在一起感到很快乐，也很安全，于是她便留了下来。她每天为矮人们烧饭、铺床、洗衣服，可把忙碌的矮人们乐坏了。

王后过了一段舒心的日子后又不放心了。一天，她问魔镜："魔镜、魔镜，谁是这世上最美丽的女人？"魔镜说："翻过七座山冈，小矮人家中的白雪公主最美丽。"王后听后恨得差点把牙咬碎了。她调制出一种能改变自己真实面目的药水，把自己变成一个可怜兮兮的丑老太婆，她还将一只苹果涂上一种有毒的药水。

"丑老太婆"来到小木屋的窗前，吆喝道："卖苹果喽，又香又甜的大苹果。"白雪公主禁不住打开了窗户。"丑老太婆"对白雪公主说："你好，亲爱的，尝尝这只又大又甜的苹果吧，吃了你会更美。"说着，她拿出了毒苹果。白雪公主吃了苹果后不幸的事情就发生了！七个小矮人急忙跑回小木屋，可是白雪公主已经倒在了地上，停止了呼吸。

王后回宫后又问魔镜："魔镜、魔镜，谁是这世上最美丽的女人？"魔镜回答："王后最美丽。"恶毒的王后终于笑了。白雪公主再也没有被救过来。小矮人们不舍得将她埋葬，含着眼泪把她装入一口玻璃棺材中，放在山上他们干活的地方，这样就能够天天陪伴着她。白雪公主在棺材里躺了10年，可样子像是在沉睡，脸色白里透红，头发又黑又亮。

一天，邻国的一位王子来森林里打猎，发现了躺在棺材里的美丽的白雪公主，一下子就喜欢上了她。得到矮人们的同意后，王子命仆人把白雪公主的棺材抬回自己的皇宫去。不料，棺材刚抬起来，就撞到了树上，白雪公主受到震动，吐出了那片毒苹果，她立刻睁开了双眼。

王子和公主举行了盛大的婚礼。婚礼上，王后一眼便认出那新娘就是白雪公主，气得她差点昏死过去。这时，七个小矮人为王后送来了一双烧红的铁鞋，已丧失理智的王后拿起它就穿在脚上。王后穿上那双烤得红彤彤的铁鞋后，一个劲儿地跳舞，一直跳到死在地上。

宝贝，妈妈对你说 -------------------

　　白雪公主正是因为她的善良，才得到了大家的喜爱，也正是因为得到大家的喜爱，才没有惨死在仆人的手中，才会在孤独无助的时候打动了七个小矮人，得到了小矮人的帮助。即使死后，七个小矮人还为她做了水晶棺，让她最终有机会与王子相遇，重新生还。因而，我的宝贝，做一个善良的人，最终一定会有好的结果。另外，我的宝贝，这个故事还告诉我们：不应该轻信陌生人的话；不应该随便接受别人的东西；不应该随便吃别人的东西。

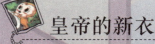# 皇帝的新衣

　　许多年以前有一位皇帝，他非常喜欢穿好看的新衣服。有一天来了两个骗子。他们说，他们能织出谁也想象不到的最美丽的布，这种布缝出来的衣服凡是不称职的人或者愚蠢的人，都看不见这衣服。"那正是我最喜欢的衣服！"皇帝心里想。他付了许多现款给这两个骗子，叫他们马上开始工作。他们摆出两架织机来，装作是在工作的样子，可是他们的织机上什么东西也没有。他们接二连三地请求皇帝发一些最好的生丝和金子给他们。他们把这些东西都装进自己的腰包，却假装在那两架空空的织机上忙碌地工作，一直忙到深夜。"我很想知道他们织布究竟织得怎样了？"皇帝想，"我要派诚实的老大臣到织工那儿去看看。"善良的老大臣来到两个骗子的工作地点，看到他们正在空空的织机上忙碌地工作着。"我什么东西也没有看见！"但是他不敢把这句话说出来。那两个骗子请求他走近一点，同时问他，布的花纹是不是很美丽，色彩是不是很漂亮。他想："难道我是一个愚蠢的人吗？""哎，您一点意见也没有吗？"一个正在织布的织工说。"啊，美极了！真是美妙极了！"老大臣说。他戴着眼镜仔细地看。"多么美的花纹！多么美的色彩！是的，我将要呈报皇上说我对于这布感到非常满意。"

　　过了不久，皇帝派了另一位诚实的官员去查看，看布是不是很快就可以织好。结果这位官员的运气并不比头一位大臣好，他看了又看，但是那两架空空的织机上什么也没有，他什么东西也看不出来。

　　当这布还在织的时候，皇帝就很想亲自去看一次。他选了一群

200

特别圈定的随员——其中包括已经去看过的那两位诚实的大臣。"您看这布漂亮吗？"那两位诚实的大臣说。"陛下请看，多么美丽的花纹！多么美丽的色彩！"他们指着那架空空的织机，因为他们以为别人一定会看得见布料的。"这是怎么一回事儿呢？"皇帝心里想。"我什么也没有看见，这真是我从来没有碰见过的一件最可怕的事情。"

"啊，它真是美极了！"皇帝说。"我表示十二分地满意！"

两个骗子建议皇帝用这种新奇的、美丽的布料做成衣服，穿上这衣服亲自去参加快要举行的游行大典。"真美丽！真精致！真是好极了！"每个人都随声附和着，每个人都有说不出的快乐。

第二天早晨，游行大典就要举行了。在头天晚上，这两个骗子整夜没睡，他们是在赶夜工，为了完成皇帝的新衣。

"现在请您脱下衣服。"两个骗子说，这两个骗子装作把他们刚才缝好的新衣服一件一件地交给皇帝。

"对，我已经穿好了，"皇帝说，"这衣服合我的身吗？"就这样，皇帝就在那个富丽的华盖下游行起来了。站在街上和窗子里的人都说："皇帝的新装真是漂亮！他上衣下面的后裾是多么美丽！衣服多么合身！"谁也不愿意让人知道自己看不见什么东西，因为这样就会暴露自己不称职，或是太愚蠢。

"可是他什么衣服也没有穿呀！"一个小孩子最后叫出声来。

皇帝有点儿发抖，不过他自己心里却这样想："我必须把这游行大典举行完毕。"因此他摆出一副更骄傲的神气，他的大臣们跟在他的后面继续走着。

宝贝，妈妈对你说 ------------------

作为一国之君怎么会被骗呢？毫无疑问是因为虚荣心，全天下的百姓、大臣甚至皇帝都心甘情愿地被别人骗，也心安理得地骗别人，骗子之所以得逞，是因为他们看清了人们心中的弱点——可怜的虚荣心。但是孩子的心是单纯的，随着年龄的增长虚荣心也许会越来越强烈。我的宝贝，妈妈希望你能永远保持一颗真诚的心，不要为了虚荣，放弃那颗真诚的心。

 # 司马光砸缸

司马光是北宋时最有名望的大臣之一，他是陕州夏县（今山西夏县）人。他的名声从幼小的时候就已经传开了。

据说司马光七岁那年，就开始专心读书，不论是大伏暑天还是数九寒冬，他总是捧着书不放，有时候连吃饭喝水都忘了。

他不但读书用功，而且很机灵。有一次，他跟小伙伴们在院子里玩耍。院子里有一口大水缸，有个小孩爬到缸沿上，一不小心，掉到了缸里。缸大水深，眼看那孩子快要没命了，别的孩子们一见出了事，吓得一面哭喊，一面往外跑，找大人来救。司马光不慌不忙，顺手从地上拾起一块大石块，使尽全身力气朝水缸砸去。"砰"的一声，水缸破了，缸里的水流了出来，被淹在水里的小孩便得救了。

宝贝，妈妈对你说 - - - - - - - - - - - - - - - - - - -

宝贝，读完这个故事，你是不是觉得司马光这孩子真聪明？可是，他到底聪明在哪里呢？仔细分析一下，其实司马光只不过是换了个角度思考问题，常人只想到脱离危险的方法是让人离开水，而司马光想到的是让水离开人，司马光打破了常规思考问题的方式，就叫多维思考。宝贝，你在遇到难题时，如果从正面思考得不出答案，那么就换一种角度去解决这个难题吧！

 小红帽

很久很久以前，有一个可爱的小女孩，跟爸爸妈妈住在一个小村庄里。她的外婆最疼她了，送给她一件连着可爱帽子的红色披风。因此，村子里的人都叫她"小红帽"。

有一天，妈妈对小红帽说："外婆生病了，你帮妈妈带一些点心去探望她吧。"妈妈又特别吩咐说："外婆住在森林里，路途很远，你在路上要小心，不要贪玩！"小红帽跟妈妈挥手再见，就上路了。

这是她第一次自己去外婆家，所以特别高兴。她刚一走进森林，就遇到一只大野狼。大野狼装出和善亲切的笑容说："可爱的小姑娘，你要去哪儿？"小红帽不知道大野狼是喜欢吃人的大坏蛋，因此笑眯眯地回答说："大家都叫我小红帽，我要到森林里的外婆家，外婆生病了，我得带好吃的东西去给她。"

大野狼蹑着脚，悄悄跟在小红帽的后面。它伸出尖尖的爪子，张开大大的嘴巴，正准备要抓小红帽时，忽然听到一声喝："坏野狼，你想干什么？"大野狼吓得急忙逃走了。

小红帽仍然继续往前走。走了一会儿，小红帽看到路边有一片野花，便蹲下来快乐地摘花。大野狼决定先去小红帽的外婆家。"砰砰砰……"大野狼敲了敲外婆家的门，它装出小女孩的声音说："外婆，我是小红帽，我带东西来看您了！"外婆听到小红帽来看她，高兴极了，急急忙忙跑过去开门。却看到一只大野狼，张开血红的大嘴巴，张牙舞爪地扑在她身上，"咕噜"一声，把她整个吞到肚子里去了。然后大野狼又穿上外婆的睡衣，爬到床上，装成外婆正在床上睡觉的样子。不一会儿，它就听到小红帽一路唱着歌儿，向外婆家走来。

"砰砰砰……"小红帽敲了敲门。等了一会儿没人开门，小红帽就自己推开门进来了。小红帽说："外婆，您好些没有？我带了很多好吃的东西来看您，快起来嘛！"大野狼说："噢，你来了，我的乖孙女儿，外婆正想着你呢！""外婆，您的声音好怪哦！"小红帽说。大野狼说："我感冒了呀，声音才变了！"小红帽走到床前，她看见"外

婆"时吓了一跳，说："外婆，您的耳朵变得好大哦！"大野狼赶快用棉被把脸盖紧，只露出两只大眼睛。回答说："耳朵大，才听得清楚你说什么话呀！""可是，您的眼睛也变得好大哦！""这样才看得清楚你的脸呀。""可是……您的嘴巴也变得好大好大呀！""嘴巴这么大，才可以一口

把你吃掉呀！"大野狼突然从床上跳了起来，张开大嘴，"咕噜"一声，连咬都没咬，就把小红帽吞到肚子里去了。

　　大野狼捧着大肚子，往床上一躺，马上就睡着了，而且睡得很熟很熟，呼呼的鼾声大到整个森林都听得到。

　　这时正在森林里追捕狐狸的猎人来到老婆婆家门口，他觉得奇怪，为什么老婆婆家里有那么可怕的打呼声，猎人悄悄打开老婆婆家的门，果然发现一只大野狼挺着好大好大的肚子，躺在老婆婆的床上，舒舒服服睡得正香呢！在大野狼肚子里的老婆婆和小红帽，听到有人推门，马上大声喊叫："救命啊！"猎人终于了解，原来大野狼这个可恶的家伙，把老婆婆和可爱的小红帽吃到肚子里去了。猎人拿出一把大剪刀，趁着大野狼还没有睡醒，用最快的动作，把大野狼的肚皮剪开。老婆婆和小红帽从大野狼的肚子里跳出来说："谢谢您救了我们祖孙两人！"

宝贝，妈妈对你说 ------------

　　小红帽和外婆，都被大灰狼骗了，那是因为她们轻易相信了大灰狼的话。幸亏有了猎人的相救，小红帽和外婆才得以脱险，大灰狼也受到了应有的惩罚。宝贝，你要记住，不要轻易相信别人的话，以免上了坏人的当。

灰姑娘

　　从前，有个非常可爱的女孩叫灰姑娘，她不仅聪明漂亮而且心地善良。她的妈妈在她还小的时候就病逝了。女孩的父亲又娶了个新妈妈回来，新妈妈还带来两个新姐姐。但是新妈妈根本不疼爱这个女孩，甚至还虐待她。

　　城堡里的王子发出请帖，邀请各户人家的女孩参加舞会。在灰姑娘的家里，两个姐姐也因收到王子的请帖而兴奋、愉快地准备着，可是继母不许灰姑娘去参加舞会，她必须留下来打扫房间和做饭。

　　马车来了。"我们走！"两个姐姐由妈妈带着，装模作样地矫饰了一番，然后出门了。灰姑娘真的好难过，难道自己不能去参加舞会？灰姑娘在火炉旁开始抽抽噎噎地哭了。突然有人在灰姑娘背后叫她，灰姑娘吓了一跳，转头一看，有位陌生的老婆婆站在那儿。老婆婆笑了："你是个心地善良的好女孩，我一定让你去参加王子的舞会。"

　　老婆婆口中念念有词，然后用拐杖触摸灰姑娘的衣服。"噢！"转瞬之间，灰姑娘的脏衣服已经变成耀眼夺目的礼服。老婆婆又拿出一双漂亮的水晶鞋给灰姑娘穿上。

就这样，灰姑娘赶着马车往王宫的方向驶去，心里无比地兴奋和紧张。当灰姑娘进入王宫的大厅时，"啊！好漂亮呀！这是哪一个国家的公主呀？"众人睁大眼睛看着灰姑娘！

王子一看见灰姑娘，便发自内心地喜欢她。王子对灰姑娘说："请跟我跳支舞好吗？"灰姑娘像只蝴蝶般，迈着轻快、纯熟的脚步。王子真的非常喜欢灰姑娘，他非常想知道她会是哪一个国家的公主。"公主！你到底是哪个国家的呢？"可是，如果灰姑娘的名字或家世被王子知道，那就糟了。灰姑娘不知该怎么回答，便急急忙忙赶着离开了。当她跑到台阶时，不小心摔了一跤，掉了一只鞋，可是她顾不了这只鞋了。"公主！公主！请等一下。"她没有理会王子的喊叫声，加快脚步，十万火急地朝着幽暗的城堡外跑去。

自从舞会结束，匆匆分开的那一刻起，王子便日日夜夜地思念着灰姑娘公主。可是不管向谁打听，都探听不出公主的事来。所剩下的唯一证物就是公主的一只鞋。于是王子对部下说："你们快去找适合这只鞋子的女孩。"

"是谁能穿上这只鞋子啊？"姐姐们对灰姑娘说，"灰姑娘，无论如何你一定不能穿的，可是你也来穿穿看吧。"灰姑娘便把脚伸进这只水晶鞋，"呀！正合适呀！"王子的部下眼睛瞪得圆圆的叫出声，"鞋子正适合灰姑娘的脚呀！"

找到了公主，王子非常高兴。不久，灰姑娘和王子举行了结婚典礼，场面盛大，热闹非凡。灰姑娘与王子从此过着幸福快乐的生活。

宝贝，妈妈对你说 ------------------

灰姑娘本来就已经失去了母爱，还要受继母和两个姐姐的欺负。但是现实的困境并没有使她放弃追求幸福的权利。继母不爱她，姐姐们也不爱她，但她懂得爱自己。因此，没人能阻止她来参加舞会，也没人能阻止她当上王后，除了她自己。你说对吗？我的宝贝。

狼和七只小山羊

从前有个山羊妈妈，她有七个孩子。一天，山羊妈妈要到森林里去找点吃的东西。于是，她把七只小山羊叫到跟前，一一叮嘱他们："我不在的时候，如果大灰狼来了，你们千万不要开门。""大灰狼的嗓音是粗粗的，爪子是黑黑的。凭这些，你们会一下子认出他来。"

七只小山羊说："别担心，妈妈，我们会小心的。" 没过多久，"咚咚咚"，有人敲门。"小羊儿乖乖，我是妈妈，我回来了，带来好多好吃的东西。"但是这声音听起来粗声粗气的，小山羊们大声回答："不开不开就不开，妈妈没你这么粗的嗓子。" 于是，大灰狼到商店里买了些滑石粉吃了，好让声音听起来柔细一些。这次，他又来到小山羊的门前。"小羊儿乖乖，我是妈妈，我回来了，带来好多好吃的东西。"但是从门上的小缝里，小山羊们看到了大灰狼漆黑漆黑的爪子。"不开不开就不开，妈妈没你这么黑的爪子。"于是，大灰狼出去给爪子撒些面粉，便又来敲小山羊的门。

"小羊儿乖乖，我是妈妈，我回来了，带来好多好吃的东西。"小山羊们看到了白白的爪子，以为门外站着的是妈妈。"欢迎妈妈回来！"门刚开，大灰狼"呼"地一下跳进屋。小山羊们尖叫着，急忙在屋子里躲藏了起来。但是大灰狼毫不费力地找到了他们，把小山羊一个一个地吞到肚子里去，只有躲在落地大钟里的那只小山羊没有被吃掉。大灰狼吃得太饱了，他摇摇晃晃地走了出去，在一棵大树下睡着了。

不久，山羊妈妈回来了。"出了什么事？我的孩子，快回答我！"但是，只有一只小山羊回答说："我在这儿，妈妈！大灰狼来了，把他们都吃掉了。"山羊妈妈赶紧跑了出去。她看到大灰狼正躺在草地上睡觉。山羊妈妈用剪刀把大灰狼的肚子剪开，小山羊一个接一个地从里面跳了出来。

小山羊和妈妈一起回到了家，从此以后，他们再也不会上大灰狼的当了。

宝贝，妈妈对你说

　　故事中的狼，不断地伪装成羊妈妈欺骗小羊，小羊最终还是上了大灰狼的当。宝贝，爸爸妈妈不在家的时候，如果有人敲门，开门前一定要确定门外是不是自己最亲近的人，然后再决定开门或是不开门。如果遇到坏人，你要怎么保护自己呢？对，想办法求助，拨打110报警电话。

213

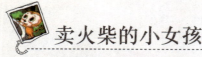

卖火柴的小女孩

圣诞节前夕，天气真冷，还下着雪，刮着北风。有位失去母亲的小女孩，为了养活生病的爸爸，冒着风雪去卖火柴。

"火柴，谁要火柴。"她没有棉衣，穿着一条旧裙子，头上围着一条破头巾，脚上穿着一双拖鞋。她沿街叫卖，可是没有一个人理她。

已经中午了，她一根火柴也没卖掉。她又饿又冻地向前走，她走到一幢楼房的窗前，啊！屋里那棵圣诞树多漂亮啊，一位母亲正和两个孩子在玩耍，那孩子该多幸福啊！看到这里，小女孩想起了她的祖母和妈妈，他们最疼爱她，可是，她们都去世了，想着想着，小女孩哭了。

夜幕已经降临，小女孩的脚已冻得发红发青。大街上到处都是烤鹅肉的香味。"啊，有钱的人家准备过节了。"她实在走不动了，疲乏地缩在一个墙角里。她不敢回家，因为她没有卖掉一根火柴。她的一双小手几乎冻僵了。太冷了。她决定划着一根火柴，让它燃烧。

"哧！"火柴燃烧了，像一团温暖、光明的火焰，小女孩觉得像坐在火炉旁一样。当小女孩刚刚伸出她的一双脚，打算暖和一下时，火焰忽然熄灭了。她又划了一根火柴，墙上有亮光照着的那块地方突然变得透明，她可以看到房间里的东西，有馅儿饼，有烤鹅，更有趣的是，这只烤鹅从盘子里跳出来了，它的背上插着刀叉，正在朝她走来。她伸出手去，火柴又熄灭了，她摸到的是冰冷的墙壁。

她又划了一根火柴，火柴燃烧起来。她发现自己坐在一棵美丽的圣诞树下，树枝上有几千只蜡烛。小女孩刚把手伸过去，火柴又熄灭了。她又划了一根火柴，啊，火光中出现了她日日夜夜思念的老祖母，她扑进老祖母的怀抱。"祖母！"小女孩叫起来。"请把我带走吧！带到那没有寒冷、没有饥饿的地方。我知道，这根火柴一熄灭，你就会不见了。"于是，小女孩把剩下的火柴全划着了，因为她非常想把祖母留住。祖母是那样慈祥，她把小女孩抱起来了，她们在光明和幸福中飞走了。越飞越高，真的到了没有寒冷、没有饥饿的地方。

新年的早晨，人们看到小女孩仍坐在墙角里，她双颊通红，脸上带着幸福的微笑。可是，她已经死了，冻死在圣诞节的夜晚，她手里仍握着一把烧过的火柴梗。

宝贝，妈妈对你说 -

　　故事中的小女孩真的好可怜，她竟然在圣诞节的夜晚，被冻死在街头。小女孩点燃了最后几根火柴，划破天空给自己带来最后的幸福，表达了她对希望和幸福的憧憬！亲爱的宝贝，比起小女孩，你是多么的幸福，每天都能吃饱穿暖，还有爸爸妈妈的疼爱。幸福是来之不易的，宝贝你一定要好好珍惜眼下所拥有的幸福啊！

小毛驴

　　从前，有个国王和王后，他们很富有，只是没有孩子，王后为此日夜伤感。上帝最后成全了他们，给了他们一个孩子，但这孩子根本不像人，而是头小毛驴。

　　驴儿慢慢长大了，他的耳朵又细又长，向上直伸着。这驴儿天性活泼，到处跳跃、游戏，且特别爱好音乐。于是他走到一位有名的乐师那里，说："把你的本领教给我吧，我要把琴弹得和你一样好。"他学起琴来又勤快、又刻苦，最后练得竟和师傅一样好了。

　　有一次，这驴儿出去散步，不知不觉来到了一口井边。他往水中一瞧，那儿有自己的驴子模样。他懊丧极了，便带了忠实的仆人离家出走。他们四处漂泊，最后来到了一个王国，统治这个国家的是位年迈的国王，不过他有一位美丽绝伦的独生女。驴儿说："我们就在这儿待下吧！"他取出他的琴，弹起来，音乐非常优美动听，守城门的人听了赶忙跑去报告国王。

　　国王让驴儿进来，让他坐下来和仆人一块儿吃饭，他却很不乐意，说："我可不是头普通的驴子，我可是位贵族。"国王便让他坐在了公主的身边。

　　这高贵的驴儿在宫里住了一段日子，要离开时，国王已经非常喜欢他了，便说："小毛驴，什么事让你不开心？你是不是想娶我的宝贝女儿做妻子？""啊！是的是的！"他一下子变得高兴起来，那确实是他所希望的。于是国王让他和公主举行了隆重而豪华的婚礼。

　　新婚之夜，国王想知道驴儿是不是举止温文尔雅，便命一个仆人躲在婚房里。驴儿脱了身上的皮，竟是个英俊潇洒的青年。新娘非常高兴，爱上了他。早上，他又重新披上驴皮。

　　先前藏在婚房的仆人向国王透露了一切。到了晚上他们睡觉时，国王偷偷地拿走了驴皮并将其烧成了灰烬。年轻人睡醒后，想穿上那张驴皮，但没找着。国王对年轻人说："我现在就把我的一半王国给你，等我死后，整个王国都归你。"一年后国王死了，整个王国都属于了他。他自己的父亲死后，他又得到了另一个王国，从此便过着荣华富贵的生活。

宝贝，妈妈对你说 -------------------

　　这是一个很有趣的小故事，小毛驴的外貌是丑陋的，可他凭着优美的琴声、高雅的举止和积极自信的心态，最终赢得了幸福。所以，我的宝贝，千万不要一遇到困难就自暴自弃，只要你充满自信地去面对生活，就一定会有意想不到的收获。

 # 青蛙王子

很久以前有一位国王，他有好几个女儿，个个都长得非常美丽，尤其是小女儿，更是美如天仙。

王宫附近有一片森林，森林中有一个水潭，潭水很深。有一次，公主在潭边玩耍，不小心把金球掉进了潭里。小公主伤心地哭起来。"公主，您这是怎么啦？"一只青蛙从水潭里伸出丑陋不堪的大脑袋问道。

"啊！原来是你呀！"小公主对青蛙说，"我的金球掉进水潭里去了。"青蛙回答说："我有办法帮助您，可您拿什么东西回报我呢？""亲爱的青蛙，你要什么东西都成。"小公主回答说。青蛙对小公主说："只要让我做您的好朋友就行，我们一起游戏、吃饭，睡在一张床上。要是您答应所有这一切的话，我就潜到水潭里，把您的金球捞出来。"

"好的，太好了！"小公主说。小公主虽然嘴上这么说，心里却想："这只青蛙可真够傻的，怎么可能做人的好朋友呢？"青蛙得到了小公主的许诺之后，把金球捡了起来，公主拿到金球撒腿就跑了，并且很快就把可怜的青蛙忘得一干二净。

第二天，小公主跟国王和大臣们刚刚坐上餐桌，就听到一阵敲门声，小公主急忙跑到门口一看，原来是那只青蛙！小公主见是青蛙，心里害怕极了。

国王就问她："孩子，你怎么会吓成这个样子？"小公主就把昨天的事情说了一遍，国王听了之后对小公主说："你绝不能言而无信，快去开门让青蛙进来！"之后，青蛙就和小公主一起吃了饭，小公主害怕这只冷冰冰的青蛙，连碰都不敢碰一下。青蛙又让小公主把他抱上床，小公主勃然大怒，一把抓起青蛙，朝墙上使劲儿摔去。谁知青蛙一落地，已不再是什么青蛙，一下子变成了一位王子。原来王子被一个狠毒的巫婆施了魔法，除了小公主以外，谁也不能把他从水潭里解救出来。最后，遵照国王的旨意，他成为小公主最亲密的朋友和伴侣，他们将一道返回他的王国。

宝贝，妈妈对你说 -------------------

　　我的宝贝，故事中的青蛙虽然看上去丑陋，但是它也许并非表面上那样。所以，人不可貌相，从一个人的表面是无法完全看清本质的。另外，故事中的小公主，最初犯了一个错误，她答应青蛙的事并没有做到，失去了做人应有的诚信。但是后来小公主知道错了，改正错误后，她仍然获得了幸福。

螳臂挡车

有一次，齐庄公带着几十名随从进山打猎。一路上，齐庄公兴致勃勃，与随从们谈笑风生，驾车驭马，好不轻松愉快。忽然，前面不远的车道上，有一个绿色的小东西，近前一看，原来是一只绿色的小昆虫。那小昆虫正奋力高举起它的两只前臂，怒气冲冲地挺直了身子直逼马车轮子，一副要与车轮搏斗的架势。

小小一只虫子，竟然敢与庞大的车轮较量，那情景十分感人。这有趣的场面引起了齐庄公的注意，他问左右："这是什么虫子？"

左右回答说："大王，这是一只螳螂。"

庄公又问："这小虫子为何这般模样？"

左右回答说："大王，它要和我们的车子搏斗，它不想让我们过去呢。"

"啊！真有趣。为什么会这样呢？"庄公饶有兴趣地问左右。

左右回答说："大王，螳螂这小虫子，只知前进，不知后退，体小心大，自不量力，又轻敌。"

听了左右这番话，齐庄公反而被这小小螳螂打动，他感慨地说道："小小虫儿，志气不小，它要是人的话，一定会成为最受天下尊敬的勇士啊！"说完，他吩咐车夫勒马回车，绕道而行，不要伤害螳螂。

后来，齐国的将士们听说了这件事，都非常感动。从此，他们打起仗来更加奋不顾身，都愿以死来效忠齐庄公。

宝贝，妈妈对你说

宝贝，螳螂那样小小的身躯，居然挡住那么庞大的马车，也许有的人会说螳螂不自量力。然而我们从另一个角度看，螳螂能够具备挡车的勇气，也实在可赞可叹，这种置生死于不顾、敢于抗争的勇气，正是值得学习的呀！

有本领的猎人

有一个年轻的小伙子，在猎人那儿学艺好几年。分别时，猎人送给他一只百发百中的猎枪。

一天夜里，小伙子看见不远处有火光，便提着枪走过去看个究竟。原来，是三个巨人在烤一头公牛，每当他们要把肉送进嘴里的时候，猎人就将它打飞。一连三次，都是这样。三个巨人齐声赞道："真是一个好枪手。"小伙子看巨人没有恶意就走了出来，并答应巨人和他们住在一起。

一天，几个巨人在一起探讨着森林王宫里有位美丽的公主，想把她抢来做新娘，可公主门外有一只非常凶猛的狗，巨人们对付不了它，他们决定让小伙子先进去将狗打死之后，他们再去抢公主。小伙子走进王宫，打死了狗。他走进公主的卧房，看见美丽的公主正在睡觉，他想："为什么要将无辜的公主交给巨人呢？"他取走了公主的一只拖鞋、半条围巾和写有国王名字的宝剑，来到大门口杀死了三个巨人。

公主醒来后发现三个巨人被杀了很高兴，国王也要重赏这位勇士，可是没有人知道是谁干的。一个独眼的上校谎称是自己干的，国王要将公主嫁给他，可是公主怎么也不肯将自己嫁给这个狡猾的人。国王生气了，将公主贬为平民，赶出宫去。国王在森林里造了一间小木房子，命令公主每天在这里烧饭给人吃，不能收钱。

小伙子听说饭庄不收钱，便带着国王的宝剑来到小木房子前，公主一眼就认出了父亲的宝剑，小伙子告诉了公主整件事情的经过，还拿出了公主的一只拖鞋和半条围巾。

公主看着眼前这个英俊勇敢的小伙子，高兴极了。她带着小伙子去见国王，国王立即为他们举行了盛大的婚礼。婚宴上，国王处罚了那个冒领他人功劳的上校。小伙子与公主结婚后，接来了父母。后来国王去世了，勇敢的小伙子继承了王位。

宝贝，妈妈对你说 - - - - - - - - - - - - - - -

宝贝，做了好事而不求回报，这是一种高尚的品德。这样做的结果往往会得到更多的回报。所以，我的宝贝，我们做好事不是为了求得回报，带着这样的心情去做好事，不仅得到帮助的人会很幸福，你也会感到很幸福。

断尾的狐狸

一只狐狸被猎人的捕猎器夹断了尾巴。没有了尾巴的狐狸真是难看极了，受了这种耻辱之后，它觉得脸上无光。狐狸怕被同伴们取笑，所以决定劝说其他狐狸也去掉尾巴，那样的话大家都一样了，谁也不会笑话谁。于是，它召集了所有的狐狸，劝说它们割去尾巴。它信口雌黄地说："尾巴既不雅观，又很笨重，我们拖着它，是多余的负担。我劝大家还是将没有什么用的尾巴去掉吧，就像我一样，多好啊！"

其他狐狸正在将信将疑地听着，断了尾巴的狐狸没注意到同伴的表情，说得更起劲了。这时，有一只狐狸站起来说："喂，朋友，如果这对你没利，你就不会这样煞费苦心地来劝说我们了。"

宝贝，妈妈对你说 -------------------

　　宝贝，狐狸断尾后自觉丑陋，这时它的正确做法应该是：告诫它的同伴吸取它的教训，引以为戒。可是狐狸并没有这么做，为了让自己获得心理平衡，居然劝说同伴和它一样也断掉尾巴。宝贝，狐狸的这种做法是不是很不好？我们在日常生活中，千万不要为了自己的利益而损害他人的利益，人与人之间交往要以诚相待，才能得到别人的尊重。

爱学人的猴子

在茂密的大森林里，住着一群聪明、活泼的猴子。这些猴子特别爱玩耍，尤其爱模仿人的样子。

一天早上，一群猴子正在玩耍。突然，它们看见猎人正在往地上铺一张很大的网，并站在网上做一些猴子们看起来稀奇古怪的动作。之后，猎人似乎心满意足地走开了，其实他是躺在一棵大树后偷看猴子们的动静。

猴子们看见猎人走了，立刻跑向大网，争着在上面玩起来。它们学着猎人的样子，翻跟头、打滚儿。但没过多久，它们的手就被网勒得紧紧的，拔不出来了。这时候，猎人大模大样地从大树后面走出来，他拿出了一个特别大的口袋，把惊慌失措的猴子们一个个抓起来，装了进去。

宝贝，妈妈对你说 - - - - - - - - - - - - - - - - - - -

首先，模仿别人的动作就是不礼貌的行为；另外，猴子还因为模仿猎人的动作而自食其果。所以宝贝，我们从小就要做一个有礼貌的好孩子，懂得尊重别人，才能得到别人对你的尊重。否则就会像故事中的猴子一样，最终使自己陷入困境。

227

团结有力量

一位农夫有三个能干的儿子。可是，他们之间却并不和睦。

有一天，农夫将一捆树枝递给大儿子，让他折断这捆树枝。老大接过来用力折了几下，树枝一根也没断。老二和老三也试着折，都折不断这捆树枝。农夫把那捆树枝解开，分给三个儿子每人一根，说："你们试试，现在会是什么结果。"三个儿子接过树枝，毫不费力地就把树枝全都折断了。

这时，农夫语重心长地对三个儿子说："树枝成捆时，谁都不能把它们折断，一旦分成一根一根的，谁都可以轻易地将它折断，这就是团结的力量。"

三个兄弟明白了这个道理，从此以后，就变得非常团结了。

宝贝，妈妈对你说

宝贝，这个故事告诉我们，团结具有不可征服的力量。如果一个集体内部之间互相争斗，最易损耗自己，从而轻易被人征服。只有团结起来，大家齐心合力，才是不可战胜的。

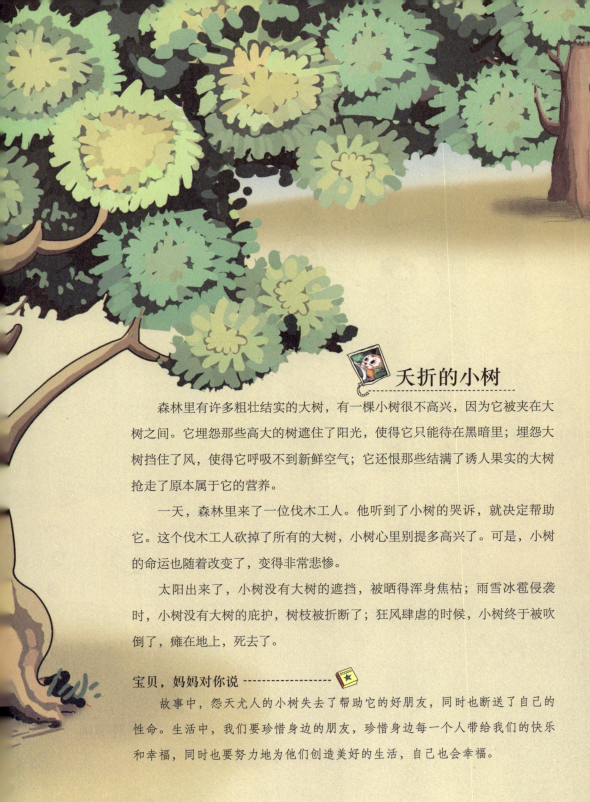

夭折的小树

森林里有许多粗壮结实的大树，有一棵小树很不高兴，因为它被夹在大树之间。它埋怨那些高大的树遮住了阳光，使得它只能待在黑暗里；埋怨大树挡住了风，使得它呼吸不到新鲜空气；它还恨那些结满了诱人果实的大树抢走了原本属于它的营养。

一天，森林里来了一位伐木工人。他听到了小树的哭诉，就决定帮助它。这个伐木工人砍掉了所有的大树，小树心里别提多高兴了。可是，小树的命运也随着改变了，变得非常悲惨。

太阳出来了，小树没有大树的遮挡，被晒得浑身焦枯；雨雪冰雹侵袭时，小树没有大树的庇护，树枝被折断了；狂风肆虐的时候，小树终于被吹倒了，瘫在地上，死去了。

宝贝，妈妈对你说 -

故事中，怨天尤人的小树失去了帮助它的好朋友，同时也断送了自己的性命。生活中，我们要珍惜身边的朋友，珍惜身边每一个人带给我们的快乐和幸福，同时也要努力地为他们创造美好的生活，自己也会幸福。

聪明的小绵羊

一只离开了羊群的小绵羊被一只大灰狼逮住了。小绵羊对大灰狼说："狼先生，今天我吃了好多青草，通过运动才能消化，使草变成肉。如果你让我跳跳舞，活动活动，我的肉不就更好吃了吗？"大灰狼听了很高兴，就答应了。"狼先生，你用铃铛给我打拍子吧！"小绵羊把铃铛解下来，递给大灰狼。大灰狼使出吃奶的力气，拼命地摇动铃铛，清脆的铃铛声随风传到了牧羊人的耳朵里。他马上带着几只牧羊犬顺着铃声找到了小绵羊，几只牧羊犬扑向大灰狼，把它咬得遍体鳞伤。小绵羊凭着机智和勇敢，脱离了危险。

宝贝，妈妈对你说 --------------------

宝贝，这一次，小绵羊是凭借机智和勇敢脱险的；可下一次呢？小绵羊再也不敢离开大家了。所以，我们在佩服小绵羊机智勇敢的同时，也要吸取它的经验教训：自由散漫、脱离群体是很冒险的行为。所以，宝贝上了幼儿园以后，也要和小朋友们在一起，不能擅自离开。

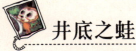

井底之蛙

一只小青蛙生活在井底，自以为井底就是整个世界。无聊时，它就数数天上飘过的白云，一朵、两朵、三朵……累了，就躺在小床上舒舒服服睡个觉。

有一天，井沿上飞来一只鸟。青蛙很奇怪，就问："小鸟，你是从哪儿飞来的啊？"小鸟回答说："我是从天上飞来的啊，飞了一百多千米呢，口喝了，想下来找点水喝。"

青蛙听了哈哈大笑起来："哈哈，真好笑，你别吹牛了，天只有井口那么大，你还能飞一百多千米吗？"小鸟认真地说："天是无边无际的啊，可大了，你不知道吗？外面的大象大过我几千倍呢。"

青蛙说："我天天都看着天，怎么不知道呢？你就别吹牛了吧！"小鸟于是笑了："青蛙大哥，你天天待在井里，就只能看到这么大的天，你要是不信，就跳出井口来看看吧，我还要继续飞行呢！"

青蛙听了小鸟的话，整整想了好几天，终于下定决心跳出井口去看看。

青蛙抬头一看，天啊！天真的是无边无际的啊，天上还有很多白云。它们紧紧地靠在一起，太美了。大地一片片绿油油的庄稼，大树又高又壮，真是美不胜收啊！远处的大象真是比小鸟大几千倍！

青蛙这才知道小鸟说的是对的，要是自己听了小鸟的劝告，早点从井里出来就能早一点看到这么美丽的世界了。

宝贝，妈妈对你说 --------------------

　　常年蹲在井底的青蛙，只能看到井口那么大的一块天，就以为是天的全部了。宝贝，世界是无限广阔的，就像知识的海洋永无止境一样。所以，我的宝贝，即使有一天你获得了很大的成功，也不要骄傲，因为那也只不过是沧海一粟而已。

235

凿壁偷光

西汉时期，有个农民的孩子，叫匡衡。他小时候很想读书，可是因为家里穷，没钱上学。后来他和一个亲戚学习认字，才会看书。匡衡买不起书，只有向别人借书来看。同乡有个大户人家，家中有很多书却不识字。匡衡就到他家去做雇工，又不要报酬。主人感到很奇怪，问他为什么这样，他说："我希望能将你家的书通读一遍。"主人听了，深为感叹，就把书借给他读。

过了几年，匡衡长大了，成了家里的主要劳动力。但是白天干活，没时间看书，他就想怎么才能利用晚上的时间来看书呢？匡衡的家里很穷，买不起点灯用的油。有一天晚上，他发现东边的墙壁透过来一线亮光，他站起来一看，发现是邻居家里透过来的灯光。于是，匡衡想到了一个办法，他拿着一把小刀，将墙缝挖成了大一点的洞，这样，透过来的光亮也大了。他就借着透进来的灯光，读起书来。

匡衡勤奋好学，终于成了大学问家。

宝贝，妈妈对你说 --------------------

想到借着别人家的微弱光线读书，这是一种怎样的决心啊！宝贝，我们每个人都有自己喜欢做的事情，只要你是真心喜欢，无论环境多么艰险，也无法阻挡你的行动。妈妈希望你将来能为自己的梦想而拼搏，克服一切困难实现梦想，这是多么幸福的事啊！

铁杵磨针

李白是唐代著名的诗人，但他小时候读书并不用功，常常逃学。

有一天，他没有去上学，跑到大街上玩儿。突然，他看见一位老奶奶，正在磨刀石上用力地磨着一根棍子般粗的铁棒。李白觉得很奇怪，便走过去，傻傻地看了好一阵。老奶奶也不理会他，只是全神贯注地磨着。

李白忍不住问道："奶奶，您这是干什么呢？""我在磨一根针来缝衣服。"老奶奶头也不抬，专心地磨。"磨针？"李白更加奇怪了，"这么粗一根铁棒怎么能磨成针？！"老奶奶这才抬起头来说："孩子，滴水可以穿石，愚公可以移山，铁棒再粗，我天天磨，还怕它磨不成一根针吗？"李白听了，非常惭愧，"只要有恒心，再难的事情也能做成功的，读书不也是这样吗？"于是他便立刻转身跑回家去，拾起扔在地上的书本，专心读书，从此再也不逃学了。

后来，李白终于成为了名垂千古的伟大诗人。

宝贝，妈妈对你说

宝贝，把铁杵磨成针或许不是个聪明的办法，这个故事只是用来比喻，做事要有锲而不舍、持之以恒的精神！只要有耐心、恒心、毅力，万事皆可成功。所以，我的宝贝，妈妈希望你决定做一件事情后，就不要半途而废，要持之以恒地坚持下去，总有一天，你会把这件事做成的。

后面是赠送的彩色折纸页